VAI TER CORAGEM?
A PARADOXAL EXISTÊNCIA DA MATERNIDADE TRABALHADORA

Editora Appris Ltda.
1.ª Edição - Copyright© 2024 da autora
Direitos de Edição Reservados à Editora Appris Ltda.

Nenhuma parte desta obra poderá ser utilizada indevidamente, sem estar de acordo com a Lei nº 9.610/98. Se incorreções forem encontradas, serão de exclusiva responsabilidade de seus organizadores. Foi realizado o Depósito Legal na Fundação Biblioteca Nacional, de acordo com as Leis nᵒˢ 10.994, de 14/12/2004, e 12.192, de 14/01/2010.

Catalogação na Fonte
Elaborado por: Josefina A. S. Guedes
Bibliotecária CRB 9/870

Q13v
2024
	Quadrelli, Isabela Parente
	    Vai ter coragem? a paradoxal existência da maternidade trabalhadora /
	Isabela Parente Quadrelli.– 1 ed. – Curitiba : Appris, 2024.
	    168 p. : il. ; 21 cm.
	
	    Inclui referências.
	    ISBN 978-65-250-5341-7
	
	    1. Maternidade. 2. Mulheres – Emprego. 3. Feminismo. I. Título.
	
	                                                       CDD – 306.8743

Appris
editora

Editora e Livraria Appris Ltda.
Av. Manoel Ribas, 2265 – Mercês
Curitiba/PR – CEP: 80810-002
Tel. (41) 3156 - 4731
www.editoraappris.com.br

Printed in Brazil
Impresso no Brasil

Isabela Parente Quadrelli

VAI TER CORAGEM?
A PARADOXAL EXISTÊNCIA DA MATERNIDADE TRABALHADORA

FICHA TÉCNICA

EDITORIAL
Augusto Coelho
Sara C. de Andrade Coelho

COMITÊ EDITORIAL
Marli Caetano
Andréa Barbosa Gouveia (UFPR)
Jacques de Lima Ferreira (UP)
Marilda Aparecida Behrens (PUCPR)
Ana El Achkar (UNIVERSO/RJ)
Conrado Moreira Mendes (PUC-MG)
Eliete Correia dos Santos (UEPB)
Fabiano Santos (UERJ/IESP)
Francinete Fernandes de Sousa (UEPB)
Francisco Carlos Duarte (PUCPR)
Francisco de Assis (Fiam-Faam, SP, Brasil)
Juliana Reichert Assunção Tonelli (UEL)
Maria Aparecida Barbosa (USP)
Maria Helena Zamora (PUC-Rio)
Maria Margarida de Andrade (Umack)
Roque Ismael da Costa Güllich (UFFS)
Toni Reis (UFPR)
Valdomiro de Oliveira (UFPR)
Valério Brusamolin (IFPR)

SUPERVISOR DA PRODUÇÃO
Renata Cristina Lopes Miccelli

ASSESSORIA EDITORIAL
Jibril Keddeh

REVISÃO
Daniela Aparecida Mandú Neves

PRODUÇÃO EDITORIAL
Daniela Nazário

DIAGRAMAÇÃO
Yaidiris Torres Roche

CAPA
Sheila Alves

PREFÁCIO

Vai ter coragem? Não é só mais um livro originário de uma dissertação, pode ser compreendido como um apelo a reflexões e problematizações que envolvem a vida de mulheres, filhos(as), família e toda sociedade. A forma atenta, precisa e compassiva com que a autora traz demandas contemporâneas produzirá afetabilidades indescritíveis a quem ler esta obra.

A apresentação do livro já mostra, desde as primeiras linhas, a implicação em toda a obra – a começar pelo título impactante. Aqui ela traz de sua experiência, de sua vivência com estudos, trabalho e maternidade. E, como não poderia deixar de ser, sua ousadia ao lançar-se por escolhas e lutas diárias. Assim, veremos como utilizou de seus questionamentos pessoais para investigar experiências compartilhadas e contribuir com temáticas pertinentes à compreensão da complexidade que envolve o que é "ser mulher", para si e para o outro.

Esse livro traz dados, teorias e, principalmente, a fala de mulheres – reais, verdadeiras, cotidianas – sobre duplas e triplas jornadas de trabalho, a multiplicidade dos papéis femininos, os conflitos de ser quem se é e ter que atender à expectativa de outrem, dos "caminhos excludentes e concorrentes". As páginas que seguem falam de mim e de você (e dela), fala dos conflitos de ser esposa, mãe, estudante, pesquisadora, trabalhadora assalariada, dona de casa, cuidadora, amiga, e tantas outras atribuições que nos são impostas ao nascermos fêmeas.

Esse livro fala/critica/problematiza/debate/desconstrói/ aponta desde a história da maternidade às crises "do papel feminino" escancaradas com a pandemia. Essa frase, por exemplo, diz do tom do livro e das propostas que a autora traz: "Chamo a atenção para o fato de que a maternidade, conforme se exige hoje, tem feito desaparecer a mulher e sua existência enquanto ser no mundo. Isso é grave!". E não é uma apologia ao ranço da maternidade (como pesquisas já apontam), é para promover mudanças em idealismos que oprimem mulheres e limitam seus espaços e corpos.

As páginas que seguem trazem, ainda, a experiência de 5 mulheres, com um pouco mais de 30 anos, que atuam socialmente como professora, funcionária pública ou da rede privada, tem artista excepcional, bissexual, comunista, estéril, quem foi casada duas vezes com o mesmo homem e ter sofrido horrores no casamento. Ou, ainda, quem passou quase sete anos em cativeiro, foi violentada, passou fome e teve doenças graves em decorrência da vida na selva colombiana. É... tem muito aprendizado por aqui!

A partir de um grupo focal muitos temas foram trazidos. Aqui será lido sobre dores, culpas, forças, receios, (des)encontros, (des)contentamentos e tantos paradoxos de relatos que são ver-dadeiros espelhos da alma de cada uma de nós. Nessas mulheres, mães e trabalhadoras, como aponta Isabela Parente, foram obser-vados "os olhares atentos aos celulares, a fome por não terem tido tempo de se alimentar, além das falas, os suspiros de cansaço, as vozes inflamadas, as emoções sendo experimentadas, as vozes sendo ouvidas e a experiência compartilhada e validada umas pelas outras".

Vai ter coragem (de ler e se reconhecer nesses relatos)? Por-que será necessário! É um retro-olhar, é um exercício de empatia, é um dar-se conta da própria existência, é se permitir ser afetada/o com a vivência do outro, é reconhecer histórias que dizem de todas, é se conectar com o passado e presente no aqui-e-agora, é um grito silenciado, é náusea, é lágrima, também, por que não? Mães também choram... e como choram! Pela invisibilidade, pela exaustão, pela ausência de ser cuidada, por sentimentos diversos e antagônicos, por se perder e se encontrar (no outro, muitas vezes), pela solidão!

É disso e de tantos outros ditos que o livro fala. E, não poderia finalizar sem dizer da autora do livro, tão implicada e inteira em todo o processo. Além de mulher, esposa, mãe, professora e psicóloga, é um ser que traduz em ofício suas reflexões cotidianas, que se dedica em tudo que faz e que, em sua escrita, deixa claro sua existência. Isabela, como é toda "ação do coração" tem sim, muita coragem (com todos os significados que essa denominação possa representar)!

Boa leitura!

Luciana da Silva Santos
Doutora em Psicologia Clínica e Cultura

Aos meus filhos, Felipe, Cecília e Lucas, que me deram a coragem que eu precisava para lutar por voos mais livres.

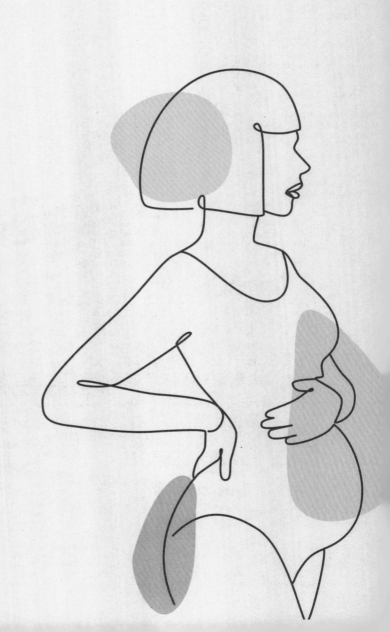

AGRADECIMENTOS

Agradeço à professora doutora Ondina Pena Pereira, pelas orientações e pelos conhecimentos que me foram passados na época da realização da pesquisa.

A cada uma das participantes da pesquisa que colaboraram para que este trabalho fosse concretizado, me permitindo acessar suas realidades e torná-las públicas pelo interesse de nadar contra a maré.

À Ludmila, que sempre acreditou em mim e contava com minha aprovação antes mesmo que eu tentasse.

À Graziela Couto, pela empática, atenta, carinhosa, inspiradora e motivadora escuta e intervenção.

Ao meu esposo, José Quadrelli, que foi meu suporte para que eu conseguisse concretizar a escrita deste livro.

A gente acha que já se conhece, que já se entendeu...

Aí, três vidas se cruzam com a sua e você percebe que muito do que você pensava saber sobre si mesma estava errado, incompleto e que faltava muito, mas muito a conhecer e a descobrir.

O que existia não servia. O que precisava não tinha.

E assim eu fui virando do avesso.

Me confundi, me rasguei, me perdi e me achei nesses três seres que sequer sabem da montanha-russa que habita dentro de mim.

Por eles e com eles sou melhor, luto, tento e persisto. Por eles e com eles mesmos que me acalmo e me conforto.

Ah, se eles soubessem que por eles reflito, decido, insisto e não desisto. Não desisti.

São pedaços meus no mundo e é no mundo deles que me encontro comigo mesma. Assustadoramente doce encontro.

Os filhos nascem da gente ou para gente. Quem vive renascendo é a mãe, todos os dias e a cada dia.

Felipe, Cecília e Lucas, sou, estou e permaneço em, com e por vocês.

Amor é pouco.

Isabela Parente

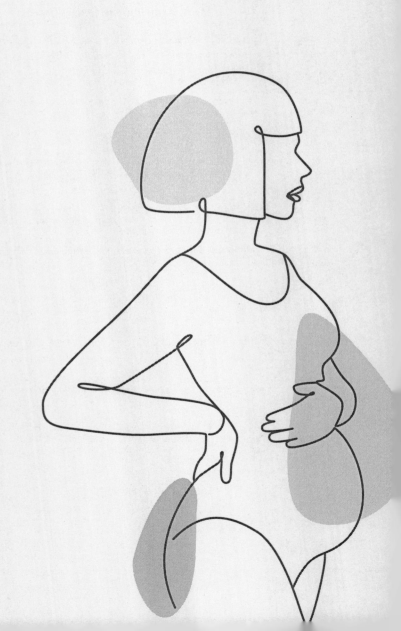

APRESENTAÇÃO

Sou Isabela Parente Quadrelli, psicóloga e mestre em Psicologia. Exerço a Psicologia em Brasília (DF), atuo na clínica com mães e gestantes e fui docente do curso de Psicologia por oito anos.

Minha inserção no "mundo" materno na perspectiva acadêmica se deu juntamente à maternidade da minha filha do meio. À época, trabalhava com Gestão de Pessoas em uma jornada de 40 horas semanais, como muitas mulheres.

No entanto, o conflito entre a mulher trabalhadora e a mãe havia iniciado dois anos antes, com a chegada daquele que me fez mãe de primeira viagem.

Antes de entrar no período de licença maternidade dos dois primeiros filhos, jamais tinha me chamado atenção a pressão social que as mães vivem para permanecerem nos cuidados exclusivos de seus bebês. Essa exclusividade dificultaria a execução de uma atividade formalmente remunerada, com carteira assinada, por exemplo.

Envolvi-me, então, em um dilema que me foi imposto, uma vez que minha realidade financeira não me permitia decidir por continuar exclusivamente com meus filhos e, ainda, tinha interesse pessoal em continuar trabalhando por considerar uma importante fonte de satisfação. Nesse contexto, ouvi repetidas vezes a pergunta: "vai ter coragem?", relacionada ao fato de deixar meus filhos na creche ainda bebês para trabalhar.

Ora, por qual motivo é preciso ter coragem para trabalhar quando se tem filhos? Estaria a resposta na dificuldade da separação dos filhos ainda pequenos? Ou na necessidade do enfrentamento de uma sociedade que condena a mãe por essa atitude? Ou, ainda, por ser tão inadequado o ato de deixar os filhos aos cuidados de outras pessoas?

Tinha a sensação de que as angústias vividas eram somente pessoais, que eu não estava sendo boa mãe ao não me dedicar como deveria aos meus filhos. Vinda de um lar em que minha mãe se dedicou exclusivamente a nós (eu e minha irmã) toda a sua vida, ficava ainda mais forte a sensação de que estava exercendo inadequadamente meu papel de mãe.

O conflito era tão intenso que tinha vontade de saber se outras mulheres tinham as mesmas sensações e sentimentos. Era só eu que queria continuar trabalhando? Outras mulheres também se sentiam incomodadas em se devotar somente aos filhos? Será que estávamos erradas?

Bom, como sempre tive o sonho de fazer mestrado, juntei a fome com a vontade de comer. Tinha acabado de ser demitida do emprego de 40 horas e já estava ministrando aulas à noite. Era a minha oportunidade. Trabalhando menos, teria condições de me dedicar ao mestrado e participar das aulas. O que pesquisaria? Não tive dúvidas: a experiência da maternidade trabalhadora.

Ao invés de individualizar minhas percepções, sentimentos e experiências sobre essa realidade e responder somente às minhas perguntas pessoais, considerei importante tornar a problemática um objeto de estudo científico, tornando pública, notória, pensada, refletida e debatida a realidade vivida por tantas mulheres ao longo da história. Era imprescindível tornar visíveis as lutas, os conflitos, os desejos, os amores e as possibilidades das mulheres trabalhadoras e mães como eu.

Sendo assim, escolhi como título da dissertação a mesma pergunta que me fizeram tantas vezes, acrescida da contribuição da fenomenologia a qual norteou minhas investigações: "Vai ter coragem? Uma descrição fenomenológica da relação entre maternidade e trabalho". A fenomenologia é uma filosofia da ciência que busca compreender a realidade de maneira mais pura, coerente e menos objetiva. Visa compreender as experiências e não as explicar de modo lógico e exato. Ainda era Analista do Comportamento nessa época, uma ciência do comportamento que tem pressupostos mais lógicos e experimentais. No entanto, anos depois da conclusão do mestrado, com o nascimento do caçula e todas as experiências inimagináveis que ele trouxe (tema para outro livro), mudei meu olhar sobre o mundo e a teoria que sustentava a minha prática psicológica. Tornei-me, então, uma psicóloga fenomenológica existencial-humanista.

Para este livro, alterei o título. Meu olhar para o conteúdo é outro, assim como os objetivos que tenho para quem lê o que escrevi aqui com muita inspiração, estudo, noites mal dormidas e expectativas. O objetivo da dissertação era produzir conhecimento científico sobre o tema maternidade aliado ao trabalho. O objetivo deste livro é proporcionar experiências de identificação de mulheres e mães com os relatos das mulheres que contribuíram para a pesquisa.

Além disso, visa também oferecer conhecimento, uma vez que ele liberta e possibilita nossa emancipação e desalienação a respeito dos nossos comportamentos. De forma mais ousada, tenho como objetivo alcançar corações de homens, pais e/ou esposos para que, também munidos de conhecimento e informação, possam se livrar da reprodução passiva de comportamentos que são maléficos para suas esposas, mães de seus filhos, filhos, para si mesmos e toda a sociedade.

Vai ter coragem? A paradoxal existência da maternidade trabalhadora foi, então, o título escolhido. A experiência materna trabalhadora mostrou-se profundamente paradoxal ao longo da realização da pesquisa e dos estudos.

Espero que a leitura seja agradável, inspiradora e emancipadora. Abra seu coração e paradigmas para o que lerá por aqui.

Deixe que as mulheres que engrandeceram esse livro com suas experiências conversem com você. Faça anotações, perguntas, tire dúvidas e entre em contato comigo, se for o caso. Será um prazer trocar ideias sobre o assunto.

Agora, chega de apresentação e vamos ao que interessa.

Boa leitura!

SUMÁRIO

AS MULHERES DE HOJE 21
   Passado e presente no mesmo cenário 21

A HISTÓRIA DA MATERNIDADE 33
   As mulheres na história 33
   Para um filho amado, uma mãe amável e uma mulher enfraquecida ... 44
   Para além da maternidade 53
   Mulheres: "ponham-se em seus lugares" 60

O QUE É SEU E O QUE É DO OUTRO 61

AS PARTICIPANTES: MULHERES, MÃES, TRABALHADORAS E ESPOSAS 65
   O meu encontro com elas 69

A EXPERIÊNCIA DAS MÃES E TRABALHADORAS 73

A MÃE TRABALHADORA: PREFERÊNCIA PARA SENTAR E LIMITES PARA TRABALHAR 75

"MULHER MARAVILHA": A HEROÍNA SEM SUPERPODERES ... 101

ESTADO CIVIL: CANSADA 119

MATERNIDADE SILENCIOSA E SOLITÁRIA 135

"O MUNDO É NÃO AQUILO QUE EU PENSO, MAS AQUILO QUE EU VIVO" 149

A VIDA CONTINUA, OS ESTUDOS TAMBÉM... 153

REFERENCIAS 157

AS MULHERES DE HOJE:

Passado e presente no mesmo cenário

Bom, você pode não ter percebido o que está por trás da pergunta "Vai ter coragem?". Ela pode conter muitos significados, mas não podemos negar que a pergunta nada despretensiosa traz à tona a ideia de que a mãe deve, prioritariamente, exercer sua maternidade. Trabalhar e "deixar" os filhos seria uma rebeldia em relação à sua missão essencial: ficar em casa e cuidar de seu filho ou filha. Inclusive, temos vários ditos populares que corroboram essa ideologia: "quem pariu Mateus que o embale", "coração de mãe sempre cabe mais um", "quem é a mãe dessa criança?" e assim vai.

Perguntas, ditados, frases, ideologias que pressupõem que a mulher tem destinação irrefutável para a maternidade e, sendo mãe, deve se dedicar exclusivamente aos cuidados dos filhos (BARBOSA; ROCHA-COUTINHO, 2007).

Não sei você, mas considero surpreendente verificar a existência de percepções tão estigmatizantes do comportamento e do papel das mulheres em um período em que sua inserção no mercado de trabalho é um fato (BRUSCHINI; LOMBARDI, 2001, 2011). A Síntese dos Indicadores Sociais, divulgada pelo Instituto Brasileiro de Geografia e Estatística (IBGE) em 2009, indica o aumento da participação das mulheres no mercado de trabalho, de 42% para 47% entre os anos de 1998 e 2008. Apresenta, ainda, aumento significativo para as mulheres entre 15 e 19 anos, com 42,5% das jovens nessa faixa etária ocupadas. O índice é acompanhado de uma taxa de frequência à escola de 70%. Isso significa que, além de estarem mais engajadas em atividades remuneradas, as mulheres também estão engajadas nos estudos.

Ainda de acordo com a pesquisa, as mulheres brasileiras têm iniciado atividades profissionais mais cedo e acumulado precocemente as responsabilidades com as tarefas domésticas, estudos e trabalho. Vê-se que as mulheres acumulam jornadas desde jovens. Temos já três jornadas de atividades para as mulheres que não são mães. Para as que são, incluímos uma quarta jornada.

Em 2013, a Síntese dos Indicadores Sociais do IBGE indicou a proporção de mulheres maiores de 16 anos ocupadas em trabalhos formais de 55,8%. Sendo o percentual de 57,9% para homens na mesma situação. Percentuais muito próximos, evidenciando que mulheres e homens estão equilibradamente exercendo atividades profissionais.

Em 2019, a segunda edição da publicação divulgou percentuais de 54,5% de mulheres ocupadas para 73,7% de homens. Desse total, 54,6% das mulheres tinham crianças até 3 anos vivendo em casa e 67,2% não tinham crianças. Em 2019, podemos perceber uma diferença maior entre homens e mulheres ocupadas. Mas o percentual feminino ainda é considerável, assim como o percentual de mulheres ocupadas com filhos.

> A pesquisa divulgada pelo Instituto de Pesquisa Econômica Aplicada (2014, p. 5-6), que trata da tolerância social à violência contra a mulher no Brasil, trouxe dados de uma sociedade que ainda mantém padrões absolutamente machistas e de opressão feminina, entendendo que "os homens devem ser a cabeça do lar" (63,8% do total de 3810 entrevistados que concordam total ou parcialmente com a afirmação) ou que "toda mulher sonha em se casar" (78,7% dos entrevistados).
>
> Apesar da pesquisa ter sido realizada há mais de seis anos, ouso dizer, sem medo de errar, que ainda mantemos esses estereótipos. E são tendências como as detectadas pela pesquisa que preconizam uma mulher que precisa casar-se, ter filhos e, obviamente, cuidar deles.

De acordo com o Anuário de 2013 das Mulheres Empreendedoras e Trabalhadoras em Micro e Pequenas Empresas realizado pelo Serviço Brasileiro de Apoio às Micro e Pequenas Empresas (SEBRAE, 2014) houve um crescimento de 27,3% na taxa de mulheres ocupadas nessas atividades no período de 2001 a 2011, em que a taxa de crescimento total foi de 22,9%.

Todos esses dados evidenciam claramente que as mulheres são trabalhadoras, estudantes, mães e ocupam cargos públicos em um quantitativo alto e muito próximo aos índices masculinos. Há diferenças, no entanto, no exercício das funções domésticas e parentais. Isso porque as mulheres são as principais responsáveis pelo cuidado com o lar, mesmo que trabalhem fora. Outro agravante é que há um grande quantitativo de mães solo. De acordo com pesquisa realizada pela Fundação Getúlio Vargas, em 2023, quase 15% dos lares brasileiros são chefiados por mães solo e há cerca de 90 milhões de mulheres que são mães solo[1].

Para simplificar, o fato é que as mulheres estão trabalhando de forma bem equilibrada em relação aos homens, sendo as principais responsáveis pelo lar em um quantitativo crescente e a contribuição financeira delas é significativa. Bem sinteticamente: as mulheres trabalham! As mulheres que são mães também trabalham! Há mulheres mães que trabalham e são as únicas responsáveis pelo lar!

Infelizmente, essa facticidade da mulher trabalhadora não é acompanhada por alterações efetivas e sistêmicas nos modos de se pensar e entender as mulheres em suas diversas maneiras de ser e existir no mundo.

Nesse sentido, a ocupação laboral não descarta ou ameniza outras ocupações histórica e culturalmente destinadas às mulheres (ÁVILA; PORTES, 2012) como: cuidadora do lar (dona de casa), dos filhos (mãe) e do companheiro (esposa). Essa percepção também é direcionada às mulheres pobres para as quais trabalhar não é, necessariamente, um movimento emancipatório ou reivindicatório de igualdades e direitos, mas, sobretudo, estratégia de sobrevivência.

---

[1] Fonte: https://blogdoibre.fgv.br/posts/maes-solo-no-mercado-de-trabalho. Acesso em: 21 maio 2023.

Não faz o menor sentido "manter" as mulheres como principais responsáveis por seus lares e filhos, já que atuam profissionalmente tanto quanto os homens. O mais lógico seria que os homens, então, à medida que as mulheres saíssem do contexto doméstico e materno, ocupassem mais esse espaço e função. Tenho certeza de que as mulheres leitoras estão sorrindo neste momento. Não por achar engraçada essa minha constatação. Mas por ser uma falácia! Nesse nosso Brasil, os pais não registram nem seus filhos biológicos, quiçá dividiriam as atividades domésticas.

Qual o impacto dessa realidade? As mulheres passam grande parte do dia longe do lar, mas continua uma pressão social para que mantenham o mesmo "padrão" de qualidade no atendimento às tarefas domésticas, conjugais e, especialmente, ao cuidado com os filhos (BRUSCHINI; RICOLDI, 2009) como se não trabalhassem. E é dessa maneira que o passado (mulher exclusivamente mãe) se faz presente (mulheres trabalhadoras, mães e o que mais quiser). É natural, diante desse contexto, uma vivência no mínimo estressante do trabalho, da maternidade e/ou da conjugalidade (ALMEIDA, 2007). E como não ser? Mulheres que conseguem manter a sanidade mental diante de tantas jornadas de atividades e críticas para cada uma delas, são exceções e não a regra. Não que apresentem, necessariamente, um quadro psicopatológico. Entretanto, tendem a apresentar níveis, ainda que leves ou moderados, de estresse.

Assim, ora bem-sucedida profissionalmente, a mulher precisa renunciar(?) ao tempo, atenção e convívio com os filhos. Ora tendo mais tempo com os filhos, precisa declinar diante de propostas de funções mais elevadas ou de mais funções/atividades no trabalho. O que se impõe, dessa forma, é uma escolha em uma estrada onde os caminhos parecem ser excludentes e concorrentes: ou boa mãe ou boa profissional. Eis um primeiro paradoxo. Quantas vezes, em entrevistas com mulheres famosas, elas escutam a pergunta sobre como conciliam carreira com a maternidade? Essa pergunta é raramente realizada com homens famosos. Para eles, a pergunta adequada seria: o que sua esposa precisou renunciar para que você conseguisse chegar até aqui? Para as mulheres, a melhor pergunta seria: quais obstáculos você enfrentou para conseguir exercer sua atividade profissional aliada à maternidade? Talvez vocês tenham perguntas bem melhores do que essas. Ou achem que nem são necessárias perguntas assim.

Falando em perguntas, as entrevistas de emprego apresentam vários questionamentos que gritam as ideologias que comentei. Após investigar aspectos acadêmicos e profissionais, é comum o entrevistador questionar sobre a vida pessoal da candidata. E assim o faz: "Possui filhos?", "Quantos?", "Com quem eles ficam para você poder trabalhar?", "Pretende ter mais filhos?", "É casada?" etc. A resposta a esses questionamentos, se não for muito bem articulada, embora verdadeira, pode indicar a reprovação no processo seletivo. Além da ideia de que quanto mais filhos, menor a disponibilidade para o trabalho; a necessidade de ter um encaminhamento certo, claro e definido dessas crianças durante o horário de trabalho é uma obrigatoriedade. Não por genuína preocupação do empregador com a prole. O questionamento repousa no quanto a candidata mulher poderá se dedicar ao trabalho. Além disso, as respostas às perguntas são tratadas como indicativos de situações hipotetizadas pelos empregadores: casadas são mais responsáveis, com filhos têm menos disponibilidade, sem filhos e jovens podem engravidar a qualquer momento, solteiras e mais velhas são dedicadas somente ao trabalho etc. Não consigo nem contar quantos estereótipos estão presentes nessas poucas deduções.

Pude verificar esse aspecto em uma entrevista de emprego, em que o selecionador perguntou se meu esposo ficaria com "meus" filhos para eu trabalhar. Essa pergunta denuncia o estereótipo da mulher como responsável pelos cuidados dos filhos, sendo o pai um mero ajudante ou apoiador. Toda uma qualidade profissional pode ser descartada pelo fato de a mulher ter filhos ou querer ter (querer ter!).

Já na seleção, as mulheres encontram obstáculos ao exercício profissional, começando com a dificuldade em deixar o lar para investir em algo para si. Depois de selecionada, certamente enfrentará outros obstáculos como a diferença salarial em relação aos homens, ganhando menos, é claro. Entre 2012 e 2018, as mulheres ganhavam menos do que os homens em todas, TODAS, as atividades profissionais pesquisadas pelo IBGE (2019).

Aposto que você já passou por uma situação como essa ou conhece alguma mulher que a tenha vivido. Se é um homem que lê, faça a experiência de perguntar às mulheres de seu convívio se já ouviram perguntas como essas em processos seletivos ou em propostas de promoção no trabalho. Uma boa forma de se sensibilizar com a realidade alheia é compreendê-la e ouvir quem a experimenta. Acreditem ou não, eu já ouvi de um antigo gestor que minha decisão (humanizada e respeitosa com os funcionários da empresa) era uma postura materna, de mulher e de psicóloga. De um lado, entendo como verdadeira a fala. Eu era mulher, mãe e psicóloga. Logo, minha contribuição não poderia ser diferente.

> Você já deve ter vivido algum desses conflitos. Em caso negativo, tenho muito interesse em conhecer sua realidade, mas afirmo que não é compartilhada pela maioria das mulheres desse nosso Brasil.
>
> Aos homens que me leem, gostaria muito de saber como essas informações chegaram até você. Já havia parado para pensar nos impactos dessas experiências paras as mulheres?

No entanto, traduzindo o que ele realmente quis me dizer: *sua decisão é de proteção, cuidado e escuta. Isso não é para esse ambiente. Não é assim que funciona.* No dia seguinte, após ter jogado no lixo a minha proposta, recebemos vários funcionários queixando-se da postura do RH, sentindo-se desrespeitados pelo setor. E não foi o que eu, mulher, mãe e psicóloga disse que ia acontecer?! (Leiam essa frase como se eu estivesse gritando, porque foi isso que tive vontade de fazer).

Percebem, assim, como o discurso e as demandas sociais são ambivalentes? O mercado de trabalho exige uma mulher dedicada às suas funções laborais em uma sociedade que ainda compreende essa mulher como mãe e, portanto, dedicada aos filhos. Ao mesmo tempo, desqualifica a mulher mãe e profissional em algumas questões por ser, justamente, mãe e/ou mulher. Os vieses produtivo e capitalista das empresas oferecem pouco espaço para uma trabalhadora que não está integralmente focada em suas atividades laborais. A profissional mãe não pode prejudicar seu ofício em virtude dos filhos, mas é prejudicada por tê-los. Ou seja, "se correr o bicho pega, se ficar o bicho come!". Como viver bem diante dessa realidade?

Ressalto, porém, que a inclusão da parentalidade no contexto profissional é uma estratégia que promove benefícios para toda a sociedade. Crianças são mais acolhidas e integradas à sociedade, profissionais pais e mães desempenham um trabalho com menos pressão e ambivalência pessoal, empresas contam com uma equipe mais saudável e satisfeita com sua realidade profissional e pessoal.

Iniciativas como as promovidas pelas fundadoras do movimento "Filhos no Currículo", Michelle Levy Terni e Camila Antunes, têm tentado sensibilizar empresas, empresários, empregadores e empregados para uma realidade profissional "amiga" da parentalidade. É claro que, para além de iniciativas particulares, é preciso promover políticas públicas e estratégias trabalhistas que realmente incluam a parentalidade na vida empresarial.

www.filhosnocurriculo.com.br

Isso porque, conforme evidenciou estudo o estudo de Fonseca (2013) com mulheres trabalhadoras de baixa renda, grande parte das entrevistadas precisou renunciar aos seus trabalhos formalmente remunerados para dedicar mais tempo aos filhos ou, pelo menos, assumir atividades autônomas que lhes conferissem maior flexibilidade de horário.

Considerando que as mulheres são as responsáveis pelas crianças, são elas que devem renunciar as suas escolhas e os desejos profissionais pelo bem de seus filhos. Essa realidade foi gritante durante a pandemia. Em virtude da suspensão das aulas presenciais, foram as mulheres que renunciaram a seus trabalhos para ficarem com seus filhos em casa durante as aulas on-line.

Em 2019, antes da pandemia, a taxa de ocupação feminina era de 46,2% para 64,8% de homens ocupados. Já inferior aos homens. Em 2020, a taxa foi reduzida para 39,7% de mulheres ocupadas em comparação aos 58,1% de homens, uma diferença de 6,7% com a pandemia (IPEA, 2021).

Como bem considerava Simone de Beauvoir (1970), ainda no século XX, crises políticas, econômicas ou religiosas são situações de vulnerabilidade dos direitos das mulheres. No caso da pandemia, vivemos uma crise sanitária que trouxe uma avalanche de outras crises e, em todas, mulheres e outras minorias foram as mais afetadas.

Nesse sentido, algumas políticas e ações foram tomadas de modo a minimizar os impactos da pandemia para a realidade das mulheres no Brasil e no mundo. A Comissão Interamericana de Mulheres da Organização dos Estados Americanos (CIM-OEA), por exemplo, desde o início da pandemia, lançou relatórios com desafios e estratégias de ação para as mulheres[2]. Os relatórios evidenciavam os impactos diferenciados da crise sanitária para mulheres e dispunham de recomendações. São, no total, onze publicações com essa finalidade.

Especificamente no Brasil, a Federação Brasileira das Associações de Ginecologia e Obstetrícia posicionou-se diversas vezes quanto à necessidade de vacinação de gestantes e lactantes, considerando a vulnerabilidade dessa população diante da contaminação com a Covid-19. Muitas vidas de gestantes e lactantes foram perdidas por morosidade e/ou divulgação inadequada de informações, que deixaram a população gestante confusa e, pior ainda, profissionais de obstetrícia avessos à vacinação como estratégia preventiva diante da crise sanitária.

Um ganho considerável foi a Lei n.º 14.151, de maio de 2021, que dispunha sobre o afastamento das gestantes do trabalho presencial sem perda da remuneração (BRASIL, 2021). A lei possibi-

---

[2] Disponível em: https://www.oas.org/pt/centro_midia/nota_imprensa.asp?sCodigo=P-043/20. Acesso em: 21 maio 2023.

litava o trabalho remoto de gestantes durante o período de maior contaminação da Covid-19. A lei foi revogada, infelizmente, em março de 2022.

Vejam que temos ganhos e perdas, avanços e retrocessos. Paradoxos nossos de cada dia.

A vida profissional acontece, dessa forma, em meio a um arranjo entre seus diferentes papéis. Mas a dona de casa, a mãe e a esposa não podem sucumbir ao trabalho, já que são essas, "verdadeiramente", as atividades que uma mulher deve desempenhar.

Denota-se, assim, que o trabalho da mulher não pode ser uma escolha, uma realização, um prazer, mas uma necessidade frente às demandas econômico-financeiras das diversas constituições familiares. O trabalho seria, assim, e somente assim, uma inevitável necessidade diante de uma realidade financeira desfavorável.

A afirmativa não poderia ser mais falsa, uma vez que o trabalho é, também, uma forma de satisfação pessoal das mulheres, como revelou um estudo (ROCHA-COUTINHO; LOSADA, 2007) em que as entrevistadas entenderam o trabalho como realização pessoal. Ainda que alguns estudos (ROCHA-COUTINHO; LOSADA, 2007; COSTA, 2018) mostrem que o trabalho é reconhecido como fonte de prazer, equilibrante e elemento fundante do sujeito (homens e mulheres), o ranço histórico da determinação funcional da mulher ainda é fortemente pre-sentificado, trazendo conflitos e sobrecarga de atividades.

> Percebe o conflito? Não à toa, uma publicação da Elizabeth Badinter intitula-se O conflito: a mulher e a mãe, de 2011. A existência como mulher tende a implicar um conflito com seus diferentes papéis. Onde uma está, outra não pode aparecer.

Percebe-se, assim, que o ingresso da mulher no mercado de trabalho, aliado à manutenção de seus demais papéis sociais, tem sido investigado por diferentes estudos e análises estatísticas. No entanto, ainda são necessárias investigações que se dediquem à leitura dessa vivência por suas protagonistas: as mães trabalhadoras. Isso porque alguns questionamentos ainda permanecem carentes de respostas por parte das personagens desses roteiros.

Como essas experiências são vividas pelas mães trabalhadoras? Como se sentem ao dedicarem a maior parte de seu tempo ao trabalho enquanto seus filhos ficam sob os cuidados de outras mulheres? Mulheres que, muitas vezes, deixam seus próprios filhos para cuidarem de outras crianças. Quais sentimentos são gerados por essa dicotomia mãe *versus* profissional que vivem (se é que vivem)?

É extremamente importante que as mulheres sejam as locutoras de suas experiências. É o que chamamos de "lugar de fala". Quem vive uma experiência tem propriedade para falar, discutir e propor ações quanto a essa realidade. Considerando uma cultura de silenciamento feminino, sob diferentes formas, oportunizar a mulheres cotidianas um espaço de fala e relato é evidenciar sua importância e seu lugar no mundo.

Aos homens que me leem, gostaria muito de saber como essas informações chegaram até vocês. Já haviam parado para pensar nos impactos dessas experiências paras as mulheres?

Ouvir as mães trabalhadoras envolvidas em seus mais variados papéis é extremamente importante para compreender como esse jogo de expectativas, imposições, escolhas, renúncias, vontades, desejos e impedimentos refletem nos afetos, sentimentos e emoções dessas personagens tão protagonistas de suas próprias histórias, mas recebidas socialmente como antagonistas de seus contextos familiares.

Sendo assim, quando realizei esta pesquisa, busquei compreender a relação entre maternidade e trabalho na perspectiva das mulheres que a experimentavam. Como ressalta Selem (2013, p. 14), é importante localizar as mulheres mães e trabalhadoras "como sujeitos de seu próprio discurso", oferecendo-lhes espaço de compartilhamento de experiências, apropriação e reflexão de suas próprias vivências.

Ainda, posso tornar públicas suas experiências, sensibilizando a sociedade quanto à importância da legitimação de diferentes formas de existir das mulheres.

Mas, ouvir as mulheres sendo uma pesquisadora que é atravessada pelos fenômenos que as acometem não foi tarefa simples. No entanto, há espaço legítimo e científico para a condução de pesquisas nessa configuração. O método fenomenológico é um deles, pressupondo o exercício da *epokhé* (BELLO, 2006).

Essa palavra difícil define o movimento de distanciar-se de sua realidade pessoal, vieses e a prioris, para guiar-se pela experiência singular daquela ou daquele que se pretende compreender. Uma vez tendo clareza do que me afetava no tema, tive a possibilidade de reconhecer esses aspectos e suspendê-los, colocando minhas percepções e afetamentos entre parênteses e voltando-me mais livre e aberta ao fenômeno em si (ZILLES, 2002). Afinal, era a experiência delas que me interessava, já que as minhas eu já conhecia. E minhas experiências poderiam ser muito diferentes das que escutaria. Dessa forma, olharia a realidade com os olhares das participantes e não os meus.

As epistemologias feministas, os estudos etnográficos, de alteridade e poder e da Psicologia do Gênero embasaram a compreensão da realidade social e histórica da relação entre maternidade e trabalho. Falo em primeira pessoa, mas realizei a pesquisa com os rigores que exigem as ciências. Mas com a postura humanista que exige toda e qualquer lida com seres humanos. O olhar psicológico guiou-me durante todo o estudo. A motivação materna impulsionou-me a iniciá-lo e finalizá-lo. Entrar em um mestrado é difícil, mas mais difícil ainda é sair dele com um trabalho pronto e sanidade mental. Sobre esta última, comento ao final deste livro.

E foi com base nesses resultados encontrados na pesquisa de mestrado que decidi publicar este livro. Com linguagem um pouco mais simples do que a academia exige, mas com a preocupação de trazer informações baseadas em evidências e estudos científicos que sustentam e fundamentam os pensamentos e os posicionamentos que exponho aqui.

Digo isso para que fique claro que não estou apresentando opiniões pessoais ou opiniões de outras mulheres (as participantes). O conteúdo deste livro é fruto de pesquisas na literatura, busca por dados estatísticos e estudos (teóricos ou de campo, qualitativos ou quantitativos) e teorias que descrevem e investigam as relações de gênero e a maternidade. Os relatos das participantes foram lidos sob esse enfoque e analisados sob essa perspectiva.

Sendo assim, o próximo capítulo deste livro traz o percurso histórico das mulheres mães. Considerei importante manter este conteúdo quanto à história, uma vez que ela "explica" muitos padrões que mantemos, ao mesmo tempo que evidencia o quão desatualizados estão.

Este é um conhecimento que nem todos têm acesso, outros nem querem ter. Aqui você está livre para escolher se quer permanecer sem saber ou se permite esse novo olhar para uma realidade que permaneceu muito tempo sem questionamento, crítica ou confronto em intensidade.

A HISTÓRIA DA MATERNIDADE

As mulheres na história

O título é confuso. Eu sei. Você deve estar se perguntando se a maternidade tem história, afinal, sempre houve uma mãe na história. O que quero dizer com o título está relacionado a como a maternidade foi compreendida ao longo da história. É claro que esse percurso histórico não vai até o início da humanidade, mas vai até onde os estudos versam e conversam sobre como a mulher era vista como mãe.

Na Antiguidade, como trata Badinter (1985) (autora clássica sobre o mito do amor materno instintivo e natural), as mulheres e seus filhos possuíam o mesmo valor e direitos. Ou melhor, não possuíam. O patriarcado já se presentificava e delineava os homens como responsáveis e tutores de sua família (esposa e filhos) e, é claro, nela agiam, mandavam e exigiam conforme suas necessidades, aspirações e convicções. Tem-se no pensamento aristotélico fortes legitimadores desse poderio androcêntrico, uma vez que o filósofo (e outros) consideravam o homem essencialmente divino devido à sua semelhança com o próprio Deus e das características superiores como força, inteligência e sabedoria (NASCIMENTO, 1997).

Ao longo do tempo (BADINTER, 1985), a inferioridade das mulheres foi substituída por uma percepção demoníaca. O que era ruim conseguiu piorar ainda mais. Num outro momento, sob influência de doutrinas religiosas (SILVA; MEDEIROS, 2014), o entendimento da mulher como descendente de Eva (também mulher), é de pecadora e influenciadora do mal da humanidade por ter corrompido Adão (homem), levando-o a pecar.

A influência do pensamento religioso sobre a percepção das mulheres e dos homens é característica da Idade Média. Neste período, emerge a representação das mulheres como castas, submissas e obedientes, numa tentativa de rendição diante do pecado original cometido por Eva (mulher primeira).

Não é de se estranhar, então, que os homens fossem autorizados e entendidos socialmente como os mais capacitados para a chefia do lar, da família e das atividades políticas e sociais, logo públicas. Descendentes de Adão, primeiro homem feito à imagem e semelhança de Deus, dotado de características importantes para a liderança de comunidades e nações inteiras e, claro, o melhor candidato ao cuidado, proteção e vigilância da mulher. Uma vez livre, a mulher poderia cometer falhas e/ou pecados que prejudicariam seu pai, esposo, família, comunidade e assim por diante.

A partir do século XIII, as mulheres passam a ser compreendidas como submissas em virtude de sua fraqueza e fragilidade corporais (BADINTER, 1985). Por vezes, são consideradas como inválidas e, por consequência, precisam de alguém que as oriente, guie e pense por elas. Está declarada, nesse período, a supremacia marital e a inutilidade das mulheres dentro do contexto doméstico, notadamente nos séculos XVII e XVIII.

Nesse período, os homens são pais, maridos e reis, dominando os contextos sociais mais significativos (família e estado). As mulheres são superiores aos filhos. Mas, ainda estão submetidas às orientações e leis de seus esposos (FONSECA, 2013). O que ainda não lhes imputa suficiente liberdade ou autonomia que pudesse lhes trazer maior representatividade.

Nesse sentido, também não possuem um papel significativo como mães, senão o de gerar os filhos de seus esposos, já que os filhos são propriedade deles. Atividades maternas tão comuns atualmente como amamentar e dedicar-se aos cuidados com o bebê eram tidas como vulgares ou inapropriadas neste período (BADINTER, 1985).

Perceba que a mulher, até aqui, já passou por diferentes entendimentos quanto à sua função e características. Em todas, porém, percebemos aspectos que a minimizam diante da figura masculina e a desqualificam. Mesmo quando "adquirem" características que permitiriam uma compensação pelo pecado original, estas beneficiavam muito mais aos homens do que a si mesmas. Ora, ser obediente, casta e submissa é muito mais uma estratégia de sobrevivência do que uma via de valorização e contribuição para a realidade social vigente. Sendo elas, até aqui, propriedades de seus esposos e/ou de seus pais, qualquer rompimento com este padrão poderia significar morte, banimento, excomunhão ou qualquer outra consequência nada favorável. E ainda nem entramos no século XIX!

Retomando o período em que cuidar dos afazeres domésticos era atividade inadequada e dar-se aos cuidados dos filhos também, o ato de amamentar era, consequentemente, muito rejeitado por homens e mulheres. Os argumentos para a inadequação do ato pairavam sob diferentes aspectos, conforme explicitados por Badinter (1985): colocaria em risco a integridade física das mães (em virtude da sua fraqueza natural); prejudicaria a beleza de seus corpos, bem essencial; configurava-se como um comportamento indigno das mulheres nobres, uma vez que "[...] amamentar o próprio filho equivalia a confessar que não se pertencia à melhor sociedade" (BADINTER, 1985, p. 96) e distanciava as mulheres das relações sexuais com o marido.

Desse modo, após o nascimento dos bebês, era prática consolidada na Europa enviá-los ainda muito pequenos (menos de 10 dias) às amas de leite, que eram remuneradas por esse serviço. As crianças só retornavam ao lar com 4 ou 5 anos de idade. Isso se conse-

> Quiséramos nós mulheres que cuidar dos afazeres domésticos continuassem a ser inadequados para nós! Isso facilitaria muitas coisas em nossa rotina diária. Tenho certeza de que não estou sozinha nessa percepção. Além disso, vejam como a amamentação era compreendida de forma completamente diferente da que temos hoje. Havia muitos limitadores para a amamentação dos bebês por suas próprias mães. Elas mesmas não queriam. Atualmente, o amamentar é relacionado a um ato ou prova de amor pelo filho. É claro que o aleitamento materno é extremamente benéfico para o bebê e não estou questionando isso. O que trago à reflexão é a percepção social, e não médica, sobre este ato. De repugnante, a amamentação passou a ser compulsória às mães.

guissem sobreviver às precárias condições de higiene as quais eram submetidas quando sob os cuidados das amas de leite.

Embora essa concepção fosse muito bem difundida pela burguesia, mulheres mais pobres também mantinham o costume de enviar seus filhos às amas de leite para serem, elas mesmas, amas de leite remuneradas (BADINTER, 1985).

No Brasil, a prática foi amplamente reproduzida à época da colonização, sendo a tarefa exercida pelas mulheres negras escravizadas, conhecidas como "mães pretas" (GONZALEZ, 1984, p. 235; EVARISTO, 2005, p. 2).

A terceirização da amamentação pelas mulheres desse período é fundamental para compreendermos a posterior emancipação feminina dentro de seus próprios lares. A falta de cuidados das amas com sua higiene pessoal e dos bebês, os precários mecanismos de transporte desses bebês aos locais de residência das amas contratadas (nem sempre próximos de suas mães biológicas), aliados ao não contato das famílias com as amas a quem "confiavam" os cuidados dos seus rebentos acabou elevando fortemente a mortalidade infantil na Europa (BADINTER, 1985; VENANCIO, 2013). A amamentação tornou-se, então, questão de ordem pública, sobre a qual retornaremos mais adiante.

Continuando o traçado histórico das mulheres na sociedade europeia, chegamos às determinações para a união formal de casais. Uniões clandestinas tornaram-se inaceitáveis em virtude da não proteção divina sobre o casal e pela ausência da autorização dos pais. Além disso, a moça só seria desposada mediante dote significativo para sua classe social (BADINTER, 1985). Caso não tivesse dote em valor sedutor, continuaria sob a autoridade dos pais.

Instaura-se, assim, a necessidade de casamento para as mulheres, de forma a terem boas condições de vida e, além disso, concederem essas mesmas boas condições aos seus pais. Essa dinâmica estava relacionada às classes sociais mais abastadas. Mulheres de classes sociais menos favorecidas economicamente trabalhavam para conseguir o sustento familiar, uma vez que não teriam condições de oferecer um bom dote para um pretendente a marido que lhes garantisse uma vida agradável.

Para piorar, o fato de trabalharem fora de casa, portanto, publicamente, afastava-as ainda mais da possibilidade de casamento, uma vez que a atividade pública das mulheres era compreendida como algo vulgar e pouco apropriado.

O casamento tinha função importantíssima para o reconhecimento das mulheres deste período (só deste?). Para aumentar as chances de ser escolhida por um marido, as damas precisavam apresentar alguns pré-requisitos pessoais: boa aparência, habilidades domésticas e artísticas (tocar piano, cantar etc.). As mulheres "prendadas" tornavam-se diferenciadas em relação às demais.

> Quem viu o filme Cinderela consegue compreender bem essa realidade. A moça precisava apresentar, além do dote financeiro, habilidades pessoais que agradassem o futuro marido e, claro, aumentasse as chances de ser desposada. Não é à toa que a Gata Borralheira precisa contar com a ajuda da Fada Madrinha para fazer-se agradável ao Príncipe, pretendente ideal.

A disputa por um marido era real, uma vez que os melhores pretendentes (com posses, importância social e política etc.) escolheriam somente uma mulher para se casar. Esse processo de escolha coloca as mulheres numa espécie de vitrine, como produtos a serem consumidos pelo cliente (que tem sempre razão). Sobre essa realidade, a pesquisadora brasiliense Valeska Zanello , em seu livro *Saúde mental, gênero e dispositivos* (2020), nomeia de dispositivos de gênero essa demarcação da existência feminina a partir da beleza, do amor e da maternidade. Para tanto, considera que nos expomos nas prateleiras do amor, por exemplo, para sermos escolhidas por algum homem.

Esse homem poderia ser qualquer um, pior era manter-se solteira, a que não tinha valor algum e por isso não foi escolhida por ninguém (o famoso "ficou para titia"). O simples fato de ser escolhida já tornaria uma mulher mais digna socialmente.

> Assim como acontece, também, com Cinderela. As irmãs más disputam com Cinderela a atenção e a aliança com o príncipe. Mas não apresentam os diferenciais: recato, discrição, beleza, delicadeza ou prendas.

> A pseudoconcorrência e/ou rixa entre as mulheres que se reproduz na tradição verbal brasileira, por exemplo, pode encontrar no contexto apresentado a sua ancoragem. Os homens são *brothers* e se apoiam e defendem. As mulheres não. Falam mal umas das outras, são falsas e brigam demais entre si. Uma falácia mantida até os dias atuais e que enfraquece a nossa existência e vinculação para uma melhor busca por direitos e acolhimento. As redes sociais atuais incentivam o apoio mútuo entre mulheres, fazendo crescer a defesa umas das outras e o apoio em situações difíceis. Sobre esse tema, Valeska Zanello também realiza excelentes análises.

Ao longo do tempo, o contrato de casamento, cada vez mais presente no final do século XVIII, dá mais visibilidade ao casal (PATEMAN, 1993). Isso provoca um foco um pouco menor nas uniões por interesse financeiro. Os casamentos arranjados vão perdendo força para a realização de uniões livres e em comum acordo. Assim como os contratos com os seus servos, também no casamento, um senhor "contrataria" uma esposa que se tornaria responsável pelos cuidados do lar, filhos e esposo. Ela, livremente, aceitaria as condições propostas ao assinar o contrato de casamento. Considerando que era essa a única forma de ser reconhecida como uma pessoa respeitável, as mulheres não tinham muitas alternativas senão unir-se ao seu senhor sob condições não muito claras.

De volta ao contexto brasileiro, a modernização das cidades, ao final do século XVIII e início do século XIX, acabou por tornar mais íntimo e valorizado o espaço familiar (burguês) (D'INCAO, 2013). Embora as casas mais ricas se abrissem para uma vida social movimentada, ainda se mantinha a intimidade. Era um grupo seleto de pessoas que poderiam transitar nas belas casas burguesas. As mulheres, com isso, puderam conviver um pouco mais socialmente. No entanto, essa sociabilidade das mulheres continuava acompanhada de vigilantes para seus modos e comportamentos. Se antes eram controladas por seus esposos ou pais, agora, participando da vida social burguesa, as mulheres eram mantidas sob os atentos olhares de todos os seus participantes.

O casamento, dessa forma, manteve a função de acesso a classes mais altas ou mantenedor do status familiar (permanece o interesse financeiro). As mulheres recebiam uma função social com o casamento: "contribuir para o projeto familiar de mobilidade social através de sua postura nos salões como anfitriãs e na vida cotidiana, em geral, como esposas modelares e boas mães" (D'INCAO, 2013, p. 223).

Diante dessa necessidade casamenteira, tem-se a instituição dos contratos de casamento como estratégia civil de promoção da liberdade das mulheres para sujeição ou não a este contrato (PATEMAN, 1993). Como a sociedade civil da época baseava-se nos ideais de igualdade, liberdade e fraternidade, as mulheres estavam "livres" para submeterem-se ou não ao contrato de casamento. A posse do esposo diante da esposa vai perdendo a força,

> Repousam aqui algumas expressões jocosas populares como "prendam suas cabras que meu bode está solto" e ao ideal paterno de filha como princesinha e frágil. A cultura do pai como protetor da virgindade da filha ainda se faz atual. Diversos memes são divulgados em que o pai forte e bravo protege sua filha do namorado ou a impede de namorar. Inclusive os irmãos assumem esse papel.

> Vejam mais uma transformação drástica na percepção da função da mulher. De indigna aos afazeres domésticos e maternos, agora tornam-se essas atividades via de salvação familiar e engrandecimento social. E é nesse período que se tem intensamente a máxima da "moral e bons costumes". Ainda, a mulher bela, prendada, recatada e devota ao lar ganha intenso valor e status. Mais uma transformação na representação social das mulheres que não beneficia a si mesma, mas àqueles que mantêm seus status sociais, públicos e financeiros.

> Religiosamente, ao unirem-se em matrimônio, essa liberdade é materializada nos dizeres "é de livre e espontânea vontade que o fazeis?".

em certa medida. Livres para escolherem-se (ainda que com restrições), os casais tinham mais condições de unirem-se por mútua afinidade. A união consciente dos casais, não mais por acordos financeiros que beneficiassem as famílias dos nubentes poderia ser uma via para uma percepção da família e da relação conjugal como lugares de afeto. Dessa forma, o novo casamento seria o lugar privilegiado da felicidade (BADINTER, 1985).

Nesse sentido, as mulheres adquirem relativa liberdade na decisão de unirem-se ou não em casamento e os contratos conjugais tornam-se o início de uma certa autonomia das mulheres em seus lares (BADINTER, 1985).

Ressalta-se, entretanto, a liberdade relativa nesse contrato, uma vez que as mulheres não casadas estariam sujeitas às críticas e discriminações sociais por estarem violando a natureza do seu papel social. Além disso, os contratos de casamento poderiam atender a uma espécie de responsabilização das esposas pelas condições que encontrariam dentro das relações contratuais firmadas, uma vez que se inseriram nessas relações de "livre e espontânea" vontade, como comentei anteriormente.

Os ideais da família burguesa, pactuados sob contratos civis e com foco na família nuclear não foram facilmente absorvidos e praticados pelas camadas populares europeias, tampouco nas brasileiras (FONSECA, 2013). As classes populares revestiam-se de uma variedade de arranjos familiares (uniões não formalizadas, recasamentos etc.) que iam de encontro ao ideal de família proposto.

> Realidade muito semelhante a que vemos hoje. Condomínios luxuosos, afastados dos grandes centros, com acesso restrito, segurança e casas sem portões. Os lotes enormes e as construções com relativa distância umas das outras não implicam em sociabilidade, mas arquitetura esteticamente mais agradável. Enquanto isso, em comunidades pobres, as pequenas casas, grudadas umas nas outras, tornam a convivência e a socialização quase inevitáveis. Além disso, a condição de vulnerabilidade, demanda dessa população uma espécie de ajuda mútua, seja para a reforma da casa, seja para o cuidado dos filhos.

A industrialização crescente, a urbanização das cidades e a necessidade de organizar os centros urbanos impulsionou o ideal de família nuclear burguesa já no início do século XIX. No entanto, as classes populares viviam de maneira cada vez mais pública e menos íntima, em virtude da necessidade de participação no mundo assalariado e de manutenção das despesas familiares.

Desse modo, as mulheres das classes populares não tinham possibilidade de viverem a exclusividade materna das mulheres burguesas e, dessa forma, trabalhavam para contribuir com as despesas familiares ou para manterem seus lares, já que muitas não viviam com os pais ou não contavam com a presença de um esposo trabalhador. As crianças circulavam entre os grupos familiares (avós, tios, padrinhos) de modo que pudessem trabalhar e era também comum um parente viver com outros familiares, casados ou não (D'INCAO, 2013; FONSECA, 2013; VENANCIO, 2013).

> Essa prática mostra-se ainda muito atual em diferentes comunidades brasileiras, em que avós ou outros familiares revezam-se nos cuidados com as crianças.

Os diferentes arranjos familiares das camadas populares do início do século XIX poderiam ter denunciado à sociedade a necessidade de adaptação do ideal de família nuclear, íntimo, patriarcal. No entanto, o que ocorreu foi a sobreposição do ideal burguês como modelo para todas as famílias. Quem sofria com essa imposição eram as mulheres e crianças.

Toda prática que desviasse do ideal de família vigente – homens como pais trabalhadores, provedores e protetores e mulheres como mães, zelosas, recatadas e atentas aos filhos e ao marido – era vítima dos olhares, condenações e julgamentos sociais. Mães não casadas rejeitavam seus filhos ou, se os assumissem, eram rejeitadas por suas famílias e sociedade. As viúvas recasadas viam-se impelidas a rejeitarem seus filhos com o primeiro esposo de modo a não prejudicar a nova relação. As mulheres trabalhadoras eram entendidas como uma afronta à moral, uma vez que não estavam cumprindo suas obrigações familiares de cuidado com os filhos e esposo (RAGO, 2004, CYRINO, 2009; FONSECA, 2013; VENANCIO, 2013).

> Encontramos aqui, talvez, a ancoragem da expressão mãe solteira, uma vez que a maternidade era legitimada somente dentro da união conjugal. Além disso, esse ideal de família ainda insiste defendido por grupos sociais brasileiros, como evidencia o estatuto da família, o qual pressupõe que família seria somente o núcleo social surgido da união entre um homem e uma mulher (conforme texto do Projeto de Lei PL-6583/2013, já aprovado na Câmara dos Deputados no ano de 2015). Se antes a família era legitimada por aspectos de tradição e cultura, no século XXI, energia e tempo são investidos para regularizar, na forma de lei, o que é ou não família.

A moral familiar estava bem definida e difundida, cabia aos pais cuidarem de suas filhas, protegendo-as dos perigos da imoralidade e aos esposos controlarem suas esposas. Afinal, "amarrem seus bodes porque minha cabra está solta!". Percebem o quão ultrajante é esse dito popular? A ideia de posse da mulher desposada, nesse sentido, mantém-se e sustenta, infelizmente, a prática de violência doméstica em muitos lares brasileiros. A mulher é do esposo e cabe a ele mantê-la sob sua custódia. A Agência Brasil divulgou um quantitativo de 105.671 denúncias de violência contra a mulher, tanto do Ligue 180 (Central de Atendimento à Mulher) quanto do Disque 100 (Direitos Humanos)[3]. A ONU News publicou em 2020 um quantitativo de 47 mil mulheres e meninas mortas pelos parceiros ou familiares[4].

O Código Penal brasileiro de 1830, por exemplo, considera como adultério somente a prática de infidelidade conjugal cometida pela mulher. Ao homem, a infidelidade não tem nome, muito embora ambas as infidelidades fossem consideradas como crime. De acordo com Virgílio Filho, houve tentativa de retirada da prática do

---

[3] Disponível em: https://agenciabrasil.ebc.com.br/direitos-humanos/noticia/2021-03/governo-registra-105-mil-denuncias-de-violencia-contra-mulher. Acesso em: 18 fev. 2023.

[4] Disponível em: https://news.un.org/pt/story/2022/03/1782132. Acesso em: 18 fev. 2023.

Código Penal. No entanto, em 1940, o novo código mantém como ato ilícito a infidelidade. E, conforme artigo publicado pelo autor, o artigo 77 do código defende que:

> Não há razão convincente para que se deixe tal fato à margem da lei penal. É incontestável que o adultério ofende um indeclinável interesse de ordem social, qual seja o que diz com a organização ético-jurídica da vida familiar. **O exclusivismo da recíproca posse sexual dos cônjuges é condição de disciplina, harmonia e continuidade do núcleo familiar.** Se deixasse impune o adultério, o projeto teria mesmo contrariado o preceito constitucional que coloca a família "sob a proteção especial do Estado. (grifo nosso)[5]

Talvez não tenha ficado claro, mas em 1940! (eu disse: 1940!) a relação conjugal era regulada pelo código penal! Meus avós maternos nasceram em 1910 e 1914, e isso quer dizer que o casamento deles foi regido por este código, vigente até o ano de 2005! D-o-i-s-m-i-l-e-c--i-n-c-o! (Estou gritando!). Percebem quão atual é esse entendimento do adultério como ilícito?

Você pode até dizer que era crime para ambos. Sim, tornou-se crime passível de pena para ambos. Entretanto, o malefício da prática para as mulheres transcendia, e muito, a pena legal. A condenação social, obviamente, era muito mais perversa. Para os homens, a denúncia do crime implicava em grande constrangimento e, como o artigo citado aborda, pouco se denunciava.

A problemática em questão é o crime, mas vai além dele e chega na jocosa regulação de uma relação pessoal, em que cabem outros tipos de intervenções que não a criminalização. Tudo isso para legitimar o que é ou não família e como os membros da família devem portar-se para se enquadrar na moral, bons costumes e lei! Sendo o cidadão enquadrado nesses padrões, o verdadeiro cidadão de bem, defensor e mantenedor da correta, digna e ilibada conduta social. Sei...

---

[5] Disponível em: https://jus.com.br/artigos/18766/a-evolucao-legislativa-do-adulterio-desde-machado-de-assis-aos-tempos-atuais. Acesso em: 18 fev. 2023.

Bom, muito percorremos até aqui. Passeamos por diferentes períodos e entendimentos relacionados à percepção das mulheres. Eles não foram sempre os mesmos e, assim como se transformaram até o momento que escrevo essas palavras, ainda são absoluta e profundamente passíveis de mudança.

Uma vez que a história das mulheres foi, ao longo do tempo, relacionada e associada à conjugalidade e maternidade, seus papéis foram instituindo-se conforme as demandas sociais vigentes e as determinações sócio-históricas convenientes a quem as disponibilizava e endossava: os homens.

Esse percurso que evidenciei não esgota essa história e ela não acaba por aqui. Ainda bem, porque temos muito a mudar. Além disso, os períodos apresentados constituem-se em momentos aproximados e as transformações não ocorreram como um salto, de forma brusca e tranquilamente absorvida pelas sociedades das épocas mencionadas, tampouco, substituíram integralmente a prática anterior. Vide realidade atual em que casar-se e divorciar-se são atos civis e rapidamente executados livre e espontaneamente pelas partes, enquanto mulheres ainda vivem sob cárcere privado em muitas residências brasileiras.

Além disso, atualmente, há um movimento forte de emancipação das mulheres, de igualdade de direitos e de equiparação das obrigações parentais e domésticas com os pais ou companheiros. No entanto, persistem pessoas que são contra esse movimento e entendem que o homem deve ser o cabeça do lar e a mulher aquela que deve permanecer com o cuidado dos filhos.

> Na pesquisa divulgada pelo Instituto de Pesquisa Econômica Aplicada (2014, p. 5-6), que trata da tolerância social à violência contra a mulher no Brasil, 63,8% do total de 3.810 entrevistados concordam total ou parcialmente com a afirmação de que "os homens devem ser a cabeça do lar" e 78,7% dos entrevistados que "toda mulher sonha em se casar".

Para um filho amado, uma mãe amável e uma mulher enfraquecida

A moral familiar comentada anteriormente pressupunha o amor e a felicidade conjugais como sendo a porta de entrada do amor dos pais pelos frutos dessa união: seus filhos. E, a partir "desse ponto de vista, exaltam-se interminavelmente as doçuras da maternidade, que deixa de ser dever imposto para se converter na atividade mais invejável e mais doce que uma mulher possa esperar". (BADINTER, 1985, p. 178). Nesse sentido, os cuidados com os filhos, que outrora eram considerados abomináveis e inadequados, deveriam, agora, ser praticados com satisfação e devoção.

No entanto, os cuidados maternos foram legitimados muito em razão da necessidade de aproximação das crianças ao seio familiar[7], em virtude dos prejuízos que vinham sendo demonstrados pelas estatísticas de mortalidade infantil e não escolarização das crianças. Além disso, o movimento higienista teve grande impacto no delineamento das mulheres mães (e, agora, lactantes).

O declínio populacional era negativamente percebido pelas autoridades europeias, muito por questões econômicas e políticas. No entanto, a medicina em ascensão começou a tomar parte da "causa" infantil e ingressou nos lares europeus sensibilizado a mãe para apropriar-se do papel de principal responsável e mais capacitada para os cuidados com o bebê e a criança (MOURA, 2004). Esse momento histórico marca o processo de institucionalização do casamento e da maternidade como definidores do "ser mulher" (SOUZA; RIOS-NETO; QUEIROZ, 2011).

> O ser mulher vem entre aspas porque não há o entendimento de uma forma essencial de existir como mulher. Cada mulher se faz e se torna uma pessoa no mundo de modo singular, embora, obviamente, atravessada por aspectos comuns a outras mulheres.

Na realidade brasileira, o processo não foi tão diferente. O discurso médico e a imprensa do século XIX apontavam claramente a necessidade de substituição do padrão de aleitamento realizado pelas "mães pretas". No entanto, o abandono da prática não foi prontamente realizado (SEGATO, 2007) no Brasil, nem na Europa.

O processo de apropriação da maternidade como algo positivo e função essencial das mulheres também não foi um processo simples ou sem relutância por parte das mulheres, sendo que, "decididamente, os homens foram melhores defensores das causas das mães" (BADINTER, 1985). Foi necessário cerca de um século para que as mulheres se apropriassem do modelo de boa mãe conforme os critérios de recato, domesticidade, exclusividade e devoção ao lar e filhos (BADINTER, 1985).

> Acho que não nos apropriamos tanto assim, uma vez que aqui estou escrevendo sobre a importância de existirmos para além da maternidade.

Os argumentos para convencer as mulheres a ingressarem na carreira de boas mães são promessas e, posteriormente, ameaças e culpabilização. Ora, sendo elas as principais responsáveis pelos cuidados infantis, os insucessos resultantes dessa tarefa só poderiam encontrar nelas mesmas a culpada. Aliado a esse aspecto, a medicina avançava e divulgava os riscos do aleitamento terceirizado ou realizado de maneira inadequada pela própria mãe.

Nesse sentido, a mesma classe de mulheres burguesas, que delegavam seus filhos aos (des)cuidados das amas de leite, foi a que mais se apropriou da concepção de mulheres mães. As mulheres burguesas viam na maternidade uma possibilidade de emancipação e empoderamento, mesmo que em um espaço privado (BADINTER, 1985).

Às mulheres pobres, que já trabalhavam para garantir sua sobrevivência, a prática da boa mãe era, no mínimo, dificultada pelo exercício do trabalho e a impossibilidade de dedicação exclusiva aos filhos.

Textos e pensamentos de médicos higienistas, jornalistas, juristas, operários militantes e, até mesmo, feministas defendiam o trabalho feminino como uma afronta à moral e via de destruição da família em virtude do abandono dos filhos e do lar ou pelo desinteresse em formar uma família (RAGO, 2013).

Este cenário pode até nos confundir em relação ao contexto em que vivemos enquanto lemos este livro. Parece que estamos descrevendo como, atualmente, são consideradas as mães trabalhadoras, embora com limitações e críticas indiretas ou veladas. Sendo assim, percebam como a construção da culpa materna quanto ao trabalho remunerado foi construída ao longo da história. E, ainda que não se culpem, as mulheres encontram uma grande sobrecarga de responsabilidades, uma vez que o trabalho formal remunerado não é considerado sua atividade "natural" e "vocacional".

Dessa forma, para as mulheres construiu-se grande relevância e espaço na esfera privada, enquanto os homens direcionavam (ou mantinham) seus esforços para esfera pública e social. As esposas atentas aos seus filhos e os maridos a todo o resto (NUNES, 2011). Foram os homens, então, os principais defensores das mulheres maternais "a menos que, através deste artifício, não tenham defendido, na realidade, senão a própria causa" (BADINTER, 1985, p. 193).

Vê-se, mais uma vez, que a emancipação das mulheres (embora ainda no contexto privado) não se dá, necessariamente, pelo entendimento genuíno de suas habilidades para a função. Mas por um jogo de interesses sociais, políticos e econômicos, em geral, representados por homens, praticantes destes poderes.

O clima do século XIX era favorável à institucionalização da maternidade como função essencial e exclusiva das mulheres. Exaltavam-se as características maternas como fundamentais ao desenvolvimento saudável das crianças.

No entanto, o século XX é notoriamente o período das mulheres maternais e com expertise nata para os cuidados com seus pequenos, endossados por estudos como os de Freud e Winnicott, os quais declaravam as influências da mãe no desenvolvimento do bebê e da criança (BADINTER, 1985) e enaltecendo as relações do bebê com o seio materno e a identificação com a mãe, em uma relação simbiótica.

Reportagens, textos de jornais e manifestos públicos da década de 1950 declaravam assustadoramente o papel materno e conjugal das mulheres (PINSKY, 2013). Como se não bastasse, era difundido o perfil da boa mãe e esposa, a qual precisava submeter-se aos comportamentos e desvios de seu esposo e às necessidades de seus filhos, deixando seus próprios desejos e aspirações de lado em função do bem-estar familiar. No trabalho de Pinsky (2013, p. 627), a autora expõe trechos de mídias impressas da época. Em um deles, publicado em jornal, o papel das mulheres mães esposas é assim divulgado:

> [...] chegamos a acreditar que caiba à mulher maior parcela na felicidade do casal; porque a natureza dotou especialmente o espírito feminino de certas qualidades sem as quais nenhuma espécie de sociedade matrimonial poderia sobreviver bem. **Qualidades como paciência, espírito de sacrifício e capacidade para sobrepor os interesses da família aos seus interesses pessoais.** (grifo nosso).

Fico me perguntando de onde essas características foram tiradas e com base em quais dados chegaram à conclusão de que as mulheres possuem, naturalmente, a capacidade de abnegação em benefício do marido e dos filhos. Ora, qualquer pessoa pode ser estimulada à abnegação ou hedonismo, desde que sejam concedidas as condições para isso. Não há inatismo nesse tipo de característica. Ainda que questões biológicas (argumentos utilizados por muitos) sejam diferenciadas entre homens e mulheres, não explicam argumentos como este da década de 1950. Somos seres sociais, interacionais e nosso desenvolvimento se dá com base na nossa relação com o contexto social, histórico, econômico, cultural e político em que vivemos. Se um homem ou pai jamais for demandado (por familiares, escola, amigos, cultura etc.) a fazer escolhas e renúncias em benefício de sua esposa e filhos, ele dificilmente desenvolverá essas características.

Isso se mostra muito claro em uma série documental chamada *O começo da vida*. A série traz, prioritariamente, as condições para o pleno desenvolvimento de uma criança, desde seu nascimento. Em alguns episódios, vemos homens sendo pais exclusivos e relatando o benefício dessa prática para eles e para os filhos. Algumas decisões judiciais quanto à guarda compartilhada e licença paternidade ampliada para casos específicos (infelizmente, pois deveria ser revisto o prazo para todos) também evidenciam que não há inatismo. O que vemos é uma realidade sociocultural que tem "permitido" essa prática e ressaltado seus benefícios.

Mas, não pense que os jornais dos anos dourados (pra quem?) pararam por aí. As publicações seguem criticando as mulheres que dispensam o matrimônio, caracterizando-as como "de espírito avançado":

> Alguns perfis nas redes sociais são excelentes na tratativa dessa temática. Destaco alguns que são meus queridinhos, mas tenho certeza de que existem mais:
> - @homempaterno
> - @paizinhovírgula
> - @andressareiis
> - @piangers

> [...] haverá mulheres de espírito avançado que recusem esta teoria sob a alegação de que o casamento, neste caso, não é compensador. A estas, [...] responderiam as **esposas felizes** –[...] [provando quão compensador] é aceitar o **casamento como uma sociedade em que a mulher dá um pouquinho mais**. (PINSKY, 2013, p. 627, grifo nosso).

As mulheres mães e esposas são amplamente defendidas e exaltadas, enquanto as de "espírito avançado", que insistem em trabalhar e ser "menos" mães e esposas e um pouco mais mulheres livres, são responsabilizadas pelo desequilíbrio familiar. Revistas direcionadas ao público feminino também publicavam esses estereótipos, ilustrando a percepção que se tinha a respeito das mulheres "avançadas" e do ideal de mulheres mães e esposas. (PINSKY, 2013, p. 624)

> **Lugar de mulher é o lar** [...] a tentativa da mulher moderna de **viver como um homem** durante o dia, e como mulher durante a noite, é a **causa de muitos lares infelizes e destroçados**. [...] Felizmente, porém, a ambição da maioria das mulheres ainda

> continua a ser o casamento e a família. Muitas, no entanto, almejam levar uma vida dupla: no trabalho e em casa, como esposa, a fim de demonstrar aos homens que podem **competir com eles no seu terreno**, o que frequentemente as leva a um eventual repúdio de seu papel feminino. Procurar ser à noite esposa e mãe perfeitas e funcionária exemplar durante o dia requer um esforço excessivo[...]. O resultado é geralmente a confusão e tensão reinantes no lar, em prejuízo dos filhos e da família. (PINSKY, 2013, p. 627, grifo nosso).

Em um aspecto podemos concordar, a conciliação de várias jornadas requer, realmente, um excessivo esforço, ainda mais quando há cobranças de perfeição na execução de cada uma dessas jornadas. Há metas profissionais a serem alcançadas, ideais maternos a serem preenchidos e expectativas conjugais a serem supridas. Essa alta exigência feminina foi apontada como compondo a figura da "mãe cívica" (RAGO, 2004), ainda nos anos de 1920 e 1930. As mulheres "maravilha" do século passado tinham como poderes, ou melhor, deveres, desenvolver "física, intelectual e moralmente o futuro cidadão da pátria, contribuindo de forma decisiva para o engrandecimento da nação" (RAGO, 2004, p. 592).

Podemos perceber que a "natureza" maternal das mulheres foi tão construída e imposta ao longo dos anos como a "natureza" do poderio androcêntrico.

Neste percurso histórico realizado a respeito da maternidade, podemos perceber o caráter contextual do papel materno, aglutinando aspectos históricos, sociais, biológicos e culturais na definição da maternidade e seus determinantes de formas bem diferenciadas ao longo da história. Cultura, relatos históricos, sociedade e, por que não, a biologia, são fortemente andro influenciadas (HARAWAY, 1995). A significação da mater-

> O androcentrismo relaciona-se à tendência para assumir o masculino como único modelo de representação coletiva, sendo os comportamentos, pensamentos ou experiências, associados ao masculino, os que devem ser tidos como padrão.

nidade é fortemente influenciada pelo saber androcentrado, assim como tantas outras significações, como a das mulheres de um modo geral.

A perda ou intensa redução do papel de mulher quando da chegada dos filhos traz intenso sofrimento para algumas mulheres. Exercer a maternidade diante do contexto apresentado é adoecedor. Destaco que, no Reino Unido, a principal causa de mortalidade materna (depois das causas relacionadas a aspectos fisiológicos) é o suicídio[6].

No Brasil, a depressão pós-parto acomete até 20% das mães e a ansiedade 36% (SCHIAVO; RODRIGUES, 2018; SCHIAVO; PEROSA 2020). Dentre os fatores de risco para o adoecimento mental, as mulheres apresentam a maternidade como agente de vulnerabilidade. Durante a pandemia, o adoecimento materno cresceu consideravelmente, impactando ainda mais gestantes e puérperas (SILVA, 2021).

Chamo a atenção para o fato de que a maternidade, conforme se exige hoje, tem feito desaparecer a mulher e sua existência enquanto ser no mundo. Isso é grave!

Tão grave que temos um mês devotado à sensibilização quanto à saúde mental materna. A campanha denominada "Maio Furta-Cor"[7] é realizada nacionalmente e, em 2022, foi tornada lei no Distrito Federal e é projeto de lei na Assembleia Legislativa do Paraná e outros estados.

---

[6] Fonte: https://informe.ensp.fiocruz.br/noticias/48251. Acesso em: 21 maio 2023.

[7] A campanha possui um site com todas as informações a seu respeito: https://www.maiofurtacor.com.br/. Acesso em: 13 maio 2023.

Se é preciso estabelecer um mês para sensibilização quanto à saúde mental das mães, isso é indicativo chocante de que o exercício materno tem sido adoecedor. Mais uma vez, é grave. Muito grave!

O que existe atualmente é a maternidade em crise, aliada à crise das mães. Considerando tudo o que já foi exposto, muitas mulheres têm rejeitado a possibilidade de serem mães. Ora, quem em sã consciência e bom autoconhecimento integrará, voluntariamente, uma realidade de tantas limitações, dificuldades, renúncias, críticas, invisibilidade e desvalorização?

Definitivamente, não podemos culpar as mulheres pelo desinteresse na maternidade. Mais estudadas e informadas, as mulheres têm optado por caminhos mais autônomos, independentes e de menor propensão ao adoecimento. E quando trago essas questões, não falo das pelejas naturais em criar e educar os filhos. Se acrescentarmos esses aspectos, fica ainda mais fácil rejeitar a ideia da maternidade.

A situação é tão crítica que existem documentários e palestras que tratam do fato das mulheres gostarem de ser mães, mas repudiarem a maternidade. A relação com os filhos é boa e o amor intenso, mas o mundo materno é ingrato e solitário. Desse modo, as mães estão em crise (de ansiedade, estresse, depressão, fadiga etc.). Assim como a maternidade.

Não é o feminismo o responsável por esse movimento de negativa à maternidade. Não são as mulheres de "espírito avançado". Não são os filhos. É a cultura machista e seus desdobramentos que tornam a vida da mãe tão massacrante a ponto de muitas decidirem pela não maternidade. Ressalto que a desistência da maternidade se refere àquelas mulheres que já cogitaram ser mães em algum momento da vida. Para aquelas que, em geral, jamais tiveram esse interesse, o argumento em questão não se aplica. Ou seja, muitas mulheres podem não querer a maternidade por outras questões (responsabilidades, investimento financeiro, perda relativa da independência etc.).

Assim, grita a necessidade de uma existência da mulher para além do exercício materno e/ou conjugal. Até mesmo porque, antes de ser mãe ou esposa, ela era mulher e continuará sendo.

Para além da maternidade

O percurso histórico feito até aqui não teve como objetivo determinar que nunca existiu mãe que amasse seus filhos ou que as mulheres mães agiam, todas, da mesma forma. A diversidade humana sempre se fez presente na história. O amor também (assim acredito).

O que pretendi foi contextualizar a construção do amor materno como se demanda hoje em dia. Ainda, apresentar esses aspectos, influências e determinações como definidores de um modo padronizado de amar. E é esse o principal perigo de toda a história relatada.

Ao longo do tempo, foi instituído um jeito correto de amar, cuidar e exercer a maternidade. Além disso, para as mulheres, o jeito natural de amar foi determinado como sendo na maternidade. Esse amor aos filhos pressupõe, necessariamente, a renúncia de si mesma e seus interesses, quase que em totalidade.

Fica claro que essas definições nunca se basearam no maternar ou no cuidar, mas no poder masculino e sua tentativa de manter-se exclusivo no espaço público, de discussão, intervenção, decisão e ação. Os modos estabelecidos de ser mãe definem muito mais o "ser mulher" do que qualquer outra realidade. A diversidade que comentei faz gritar a existência de mulheres, igualmente diversas, que existem ou não como mães. E se como mãe existem, o fazem de modo também diverso.

Toda mulher pode ser qualquer coisa, exercer qualquer papel social e comportar-se da forma que se sentir melhor. Não é a maternidade, portanto, que define sua existência como mulher. Uma mulher é mulher quando assim se percebe. E pode ser trabalhadora, namorada, bailarina, musicista, amiga, ativista, voluntária e inúmeras possibilidades.

Considerando que a diversidade humana jamais se extinguirá, cada mulher irá presentificar-se de modo diverso uma da outra. Será uma mãe conforme lhe for mais conveniente, agradável ou possível. Inclusive, há mulheres que sequer desejam ser mães. E há aquelas que se tornam mães sem desejar ser. Há as que desejam muito exercer a maternidade e não podem. Há mães biológicas, adotivas, de criação, de coração e de consideração. Há até ex-mãe!*

> * Também achei que não era possível ser ex-mãe. Mas, nas minhas experiências de sala de aula, conheci uma mulher jovem, inteligente e machucada pela vida e homens abusadores. Ela fora adotada por uma mulher e anos depois devolvida ao abrigo. A ex-mãe a agredia psicológica e fisicamente. Acompanhei um pouco da luta dessa jovem para criar o filho de 3 anos como mãe cuidadosa e combativa. Ela repetia várias vezes "meu filho não irá para um abrigo. Ele não passará por isso". Lembro de seu nome, seu rosto e seu jeito contagiante de bagunçar a aula com perguntas extremamente pertinentes e perturbadoras. Assim fui apresentada à primeira e única ex-mãe de que tive notícia.

Nesse sentido, o maternar de cada mulher é único e contribuirá para a construção de maternidades, no plural, sem determinismos ou padrões a corresponder. O amor não define, argumento que defendo fortemente, a qualidade materna. E a maternidade não pressupõe amor por seus filhos, infelizmente. O amor se dará na relação de cada mãe com seu filho, filha ou filhos e filhas. Temos que concordar que com tantas exigências e encargos fica até difícil amar.

Dessa forma, definir um jeito único de maternar como sendo o correto, saudável e adequado é, em primeira instância, ineficaz e promotor de muitas frustrações e adoecimento psíquico de muitas mulheres. Assim, quem não é mãe é pressionada a ser. Quem é, materna de um jeito que não é bom o suficiente. Quem se tornou mãe sem desejar, é pressionada a amar e bem maternar desde sempre. E quem é mãe e não deseja ser somente mãe é condenada ou, minimamente, sobrecarregada por exercer outros papéis. Essas realidades são vividas com sofrimento e, na verdade, deveríamos dizer "sou mãe" e ponto. Ou sou mãe, esposa (ou não), trabalhadora (ou não), filha, irmã (ou não), dona de casa (ou não) e assim vai.

A qualificação da maternidade deveria se pautar nas interações da mãe com seus filhos e filhas. Ou seja, do seu maternar. E muito além de

Para que fique claro, não estou inserindo nesse conjunto de mães aquelas que abusam, violentam e/ou negligenciam seus filhos. Essas entram em outro tipo de análise que não cabe neste livro. Não que o tema seja pouco importante. Ao contrário disso, compreender a realidade de mães violentas e abusadoras é importantíssimo para intervir eficazmente na situação. No entanto, não consigo e nem é meu objetivo esgotar o tema da maternidade. São tantas as possibilidades de recorte do assunto quantas são as formas de maternar. Gostaria de dizer o mesmo quando falo dos pais. Infelizmente, e com muito pesar, a palavra pai não tem sido associada ao homem que paterna seus filhos/enteados ou seja quem for. Em nosso país, lamentavelmente, a figura do pai é fortemente relacionada ao genitor somente. Realidade que confirma o que estamos falando desde o início da nossa leitura. O pai, ao longo da história, foi realmente o genitor. E a mãe, necessariamente, a cuidadora zelosa dos filhos.

qualificar, deve-se instrumentalizar as mulheres mães para um pleno e possível maternar. E esse objetivo passa, inevitavelmente, pela aceitação da diversidade materna.

Infelizmente, a ambivalência entre a realidade e diversidade praticadas pelas mulheres no cotidiano brasileiro e as ideologias sociais, ainda marcadamente androcêntricas e definidoras de mulheres como mães e esposas, acabam por gerar conflitos emocionais e pressões psíquicas em muitas delas.

Esse aspecto pode ser percebido em estudos (LIMA, 2008; ÁVILA; PORTES, 2012; VANALLI; BARHAN, 2012) com mulheres inseridas no contexto público por meio da prática de um trabalho remunerado. As mulheres entrevistadas nesses estudos possuem trabalhos e condições econômicas diversas, mas trazem em seus discursos o peso social de suas maternidades não exclusivas.

> A expressão "mães tardias" traz um viés de idade adequada para gestar e maternar. Obviamente, o relógio biológico feminino apresenta um momento de maior dificuldade para engravidar e mais riscos à saúde da mulher e do bebê. O que ocorre por volta dos 35 anos. No entanto, o acesso dessas mulheres a informação e acompanhamento de qualidade também é maior. Uma vez dificultado o encarreiramento de mães, a estratégia utilizada por muitas é postergar a maternidade. A FIOCRUZ apontou que, em 2000, o número de mulheres que tiveram filho com mais de 35 anos foi de 9,1%. Já em 2020, o índice foi de 16,5%.
>
> Disponível em: https://portal.fiocruz.br/noticia/especialistas-falam-sobre-chances-e-riscos-da-gravidez-tardia. Acesso em: 18 fev. 2022.

Ainda que não sejam mães, ou o sejam tardiamente em virtude do investimento em outros papéis, as mulheres de outros dois estudos (SOUZA; FERREIRA, 2005; BARBOSA; ROCHA-COUTINHO, 2007) demonstraram, também, esse ranço da maternidade como meio singular e pleno de exercício da feminilidade e os impactos negativos na autoestima.

É extremamente importante a implantação de políticas públicas voltadas para os direitos das trabalhadoras e posturas empresariais que incentivem o engajamento das mulheres mães em empregos formais e com jornada de trabalho integral (OLIVEIRA e cols, 2011). Não obstante as mulheres tenham aumentado a participação na população economicamente ativa (BRUSCHINI e cols, 2011), ainda é necessária a conquista da igualdade de acesso a cargos de chefia, remuneração e ramo de atividade profissional, por exemplo.

Está claro que mulheres que militam um ir, vir e existir livre e autônomo convivem com sentimentos e situações que lhes imputam culpa, conflitos emocionais, discriminação ou rejeição. Ao lado de satisfação e contentamento pelos papéis desempenhados, paradoxalmente.

O que quero dizer é que qualquer mulher que decida autônoma e conscientemente os papéis que deseja desempenhar (quando isso é possível), diante das diversas possibilidades que se lhe apresentam, estará gozando do seu direito de existir no mundo com autenticidade e satisfação.

> Quanto à essa realidade, no Brasil, a diferença salarial entre homens e mulheres é considerável, conforme evidenciou a Pesquisa Nacional por Amostra de Domicílios Contínua (Pnad Contínua) de 2018. Segundo a pesquisa, as mulheres ganham cerca de 20% a menos que os homens. Essa diferença se mantém para diferentes ocupações e níveis de escolaridade e/ou cargo.
>
> Disponível em: https://agenciabrasil. ebc.com.br/geral/noticia/2019-03/ pesquisa-do-ibge-mostra-que-mulher-ganha-menos-em-todas-ocupacoes. Acesso em: 20 jun. 2022.

Ser mãe exclusiva, trabalhadora, carinhosa, brincalhona, séria, conversadeira, tímida, exuberante, reservada, famosa, independente, e eu poderia passar o dia listando diferentes formas de ser mãe, deve pressupor liberdade para seu exercício. Se são manifestas consciente e decididamente pela mulher mãe, isso lhe promoverá bem-estar e saúde. Inclusive para as mulheres que não desejam ser mães.

O problema reside no fato de as mulheres se verem, alienadamente, "escolhendo" caminhos porque não tiveram acesso, contato ou conhecimento de outras possibilidades de existir para além da maternidade, do casamento e da vida doméstica.

Nesse sentido, critico algumas posturas ditas feministas que consideram como mulher emancipada somente aquela que trabalha remuneradamente e ganha bem. Ela pode estar emancipada financeiramente, mas foi alienada quanto à obrigatoriedade do trabalho remunerado, formal e sem filhos da mesma forma que foram as mulheres que se viram mães e, na verdade, não gostariam de ser.

A independência financeira das mulheres é uma estratégia de liberdade e reconhecimento inegável. No entanto, não é somente pela via financeira que a mulher deve ser reconhecida e visível socialmente. Esta lógica capitalista tem levado muitos movimentos e mulheres a ostentarem seus ganhos milionários como via de poder sobre os homens. Reforço, entretanto, que o status econômico é claramente uma forma de exercício de poder em sociedades capitalistas e regidas pela lógica do consumo.

A existência humana, no entanto, não deve jamais estar à mercê dessa lógica consumista. Somos pessoas. Ponto. Nosso reconhecimento e valorização deve acontecer somente por isso. Nossas diferenças, peculiaridades, características são manifestações da nossa singularidade e requerem o exercício da alteridade para que seja possível um convívio e interação social sadios e enriquecedores. Romântica? Utópica? Posso ser ambos.

No entanto, se mais pessoas caminhassem nesse mesmo objetivo, essa forma de sermos no e com o mundo seria mais real e menos romântica ou utópica. Somos nós, agora presentes e existentes nesse momento histórico, político, econômico e cultural que tornamos uma utopia em realidade. Por que não buscar essa convivência legitimadora de diferentes formas de ser e estar no mundo?

Infelizmente, enquanto alguns grupos considerarem-se superiores aos demais por questões financeiras, de gênero, idade, raça ou etnia, religião ou saúde, continuaremos a viver conflitos velados ou declarados como as guerras e as perseguições a grupos minoritários. Por isso se faz tão importante a representatividade desses grupos nas esferas públicas de poder e decisão. A eleição de candidatas e candidatos consoantes a esses objetivos sociais é fundamental para a mudança na qualidade de vida dessas minorias, como as mulheres mães.

Dessa maneira, insistir na livre existência materna ou das mulheres é fortalecer o movimento de igualdade de direitos entre diferentes povos e pessoas. Cada minoria, defendendo sua causa, defende outras quase que automaticamente. Defendendo as mulheres, defende-se a mulher negra (a mais prejudicada em todo o cenário já descrito); defende-se a população negra, LGBTQIa+ (mulheres trans são perversamente violentadas em contextos de saúde), pessoas com deficiência, povos nativos, idosas e idosos etc.

Cada pessoa que compõe qualquer um desses grupos/minorias deveria poder ser e estar em qualquer lugar. Mas as cadeiras estão marcadas para muitos desses locais, infelizmente. Quem já ocupa esses lugares (eu, por exemplo, como mulher branca, trabalhadora remunerada, com rede de apoio e condições financeiras de minimizar os impactos das violências de gênero ou, pelo menos, remediá-las) não precisa sentir que perderá qualquer coisa ou que não pode ser como é. Conceder um benefício ou direito a outra pessoa não tira o direito ou benefício de que já faço gozo.

Lutar ou validar a luta por melhores condições de vida para todas as pessoas não fará com que a minha condição fique pior. E mesmo que não se lute ou apoie qualquer causa mencionada, é fundamental (e diria até ético) compreender e saber que nem todas as pessoas usufruem dos mesmos direitos e liberdades. A ideia é que essa verdade incomode a ponto de fazer movimentar-se quem é privilegiado/a em benefício ou defesa de que está em situação de vulnerabilidade.

É exatamente por terem mais espaço de fala e acesso que os privilegiados devem apoiar as causas dos vulneráveis. É com tristeza e revolta, no entanto, que constato que lugares de poder têm sido exercidos em benefício de quem o exerce. E, assim, a roda gira sempre para o mesmo lugar e continuamos, ainda, cantando a canção que diz que "o de cima sobe e o debaixo desce!" ou que "o rico fica mais rico e o pobre mais pobre". É lamentável.

Mulheres: "ponham-se em seus lugares"

Como pudemos ver, contamos com uma percepção social que ainda determina fortemente o espaço privado como endereço mais "natural" das mulheres. Isso em um país que desde sua colonização contou com mulheres trabalhadoras e que já teve uma mulher na presidência da república (dentre tantos outros exemplos).

A insistência na manutenção da mulher no espaço privado denuncia ideologias sociais desatualizadas e estagnadas em um passado que persiste presente devido à acídia social para reconhecer e legitimar as mulheres como pessoas, em suas múltiplas e variadas possibilidades de atuação social.

É fundamental uma atuação profissional/social mais politicamente engajada e que contemple todo o ranço histórico do qual padecem as mulheres atuais, quando da intervenção junto a mulheres. Considerando o contexto da atuação clínica psicológica (minha área profissional), alerta-se que a "história dessa prática, que é hegemônica, atomiza, dissocia, fragmenta e patologiza a experiência subjetiva como se ela não estivesse relacionada ao contexto social, como se tudo se tratasse de questão de 'foro íntimo'" (TIMM; PEREIRA; GONTIJO, 2011, p. 231).

Nesse sentido, o espaço íntimo, logo privado, torna-se palco de diversas modalidades de violência contra as mulheres. É fundamental, portanto, contextualizar as experiências das mulheres, politizar o privado e possibilitar autonomia às mulheres que se tornaram figurantes em seus espaços privados, quase privativos.

Sendo assim, é importante uma atuação política quanto ao trabalho feminino, legitimando e tornando-o equânime em relação ao trabalho masculino; quanto ao exercício da maternidade e à vida conjugal como escolhas e não como deveres e quanto à liberdade de comportamento das mulheres, que não seja orientada por regras e padrões que as submetem e silenciam. Desse modo, as mulheres têm mais possibilidades de decidir livre e conscientemente o lugar que desejam estar e a pessoa que desejam ser. Entendendo, assim, que o "seu" lugar, é aquele que ela escolher.

Essa tarefa de casa não é somente para as mulheres. Muito pelo contrário. Quanto mais pessoas tiverem consciência dos impactos das violências de gênero, melhor será para a sociedade. Profissionais de saúde, educadores, gestores, líderes governamentais, figuras públicas, magistrados DEVEM acessar esse conhecimento para serem agentes de mudança da nossa realidade.

O QUE É SEU E O QUE É DO OUTRO

Finalizado o percurso histórico a que me propus, é hora de ingressar no universo das mulheres participantes da pesquisa que possibilitou este livro. Como já mencionei, a imersão na temática relacionada à maternidade trabalhadora partiu da minha própria experiência de vida como mulher, mãe e trabalhadora. Partilho, nesse sentido, de algumas realidades vividas pelas mulheres mães que contribuíram para a realização deste estudo.

No entanto, embora eu tivesse minhas próprias percepções, opiniões e sentimentos muito claros e altamente verbalizados a todos de meu convívio; eram as experiências, sentimentos e vozes das mulheres mães e trabalhadoras que se dispuseram a contribuir para minha pesquisa que me interessavam. E espero que interesse a vocês também.

Como eu faria para conhecer outras experiências sem ajustá-las ao que eu já sentia e conhecia sobre o tema? Encontrei na fenomenologia um método de escuta que não desprezava minhas próprias vivências, que não silenciava minhas vozes, ao mesmo tempo em que me demandava a suspensão delas para compreender as experiências de outras mulheres e uma abertura à diversidade de possibilidades que a vida humana pressupõe.

A fenomenologia foi, então, a norteadora da minha postura enquanto pesquisadora e o método fenomenológico utilizado para a análise dos relatos das participantes da pesquisa. Como se deu isso?

> A fenomenologia é uma filosofia da ciência e um método científico de compreensão da realidade. Apresenta-se como uma postura diante do mundo que pressupõe diferentes possibilidades de percepção, sensação e interação com um mesmo fenômeno por uma mesma pessoa em momentos diferentes ou por pessoas diferentes ao mesmo tempo.

Bom, primeiramente, precisei identificar minha própria realidade e o que penso e sinto a respeito do tema. É claro que não encontrei todas as minhas opiniões, visões e percepções. Muitas delas eu fui perceber somente após ouvir as mulheres. É aquele famoso "não sei que sei".

Posteriormente, coloquei os meus saberes de lado para que não influenciassem a forma como eu ouviria as participantes. "Guardei", então, o que era meu em uma "caixa" e deixei de lado. Jamais jogamos fora nossas experiências, isso não é possível. Mas podemos nos afastar um pouco delas para nos aproximarmos mais de novas experiências. A experiência das participantes era como uma caixa fechada, a qual eu abriria e conheceria como nova. Agora, a caixa fechada será apresentada a você. Poderá ser nova ou já conhecida. Surpreendente ou revoltante. Enfim, o que você encontrará, certamente, chegará de modo diverso e singular em relação aos demais leitores e leitoras.

De qualquer forma, é preciso que o exercício que fiz como pesquisadora, seja praticado por você como leitora ou leitor. O método não é exclusivo da ciência. E isso é excelente. Quem dera utilizássemos mais esse distanciamento das nossas experiências para uma escuta mais empática daqueles que nos procuram para relatar qualquer coisa.

Como psicóloga, faço (e devo fazer) esse exercício de distanciamento com cada paciente que encontro. No consultório, a minha experiência não é negada, mas é a realidade de vida do paciente que será partilhada, compreendida e devolvida de acordo com o que é dele.

Na vida fora do consultório, compreender a realidade das pessoas de modo empático nos ajuda a julgar menos, condenar menos e acolher melhor as experiências de nossas amigas, amigos, filhas e filhos, pais e mães, avós etc.

Faço, então, o convite para que você que lê este livro também se dedique à experiência do método fenomenológico. O percurso é como o que eu acabei de apresentar, mas será você a protagonizá-lo. Para isso, você precisará colocar suas experiências, opiniões e sensações com o tema (maternidade e trabalho) de lado, "guardando-as" em uma caixa. Assim, você terá mais condições de entregar-se de modo mais livre ao fenômeno.

Para ajudar, você pode listar algumas sensações e pensamentos que teve durante a leitura dos primeiros capítulos do livro. O que sentiu ao ler o percurso histórico da maternidade? O que repetiu a si mesma ou a si mesmo, ainda que silenciosamente, durante a leitura? Ficou surpresa(o)? Indignada(o)? Achou impossível que as coisas tenham acontecido da forma como apresentei? Sentiu-se ofendida(o)? Ficou triste? Interessada(o)?

Essas perguntas podem ajudar você a conhecer-se quanto ao tema e, assim, ter claro que não é isso que está em jogo agora. Mas a realidade e as experiências das mulheres participantes da pesquisa que "conversarão" com você nas próximas páginas.

É claro que você pode ser pega de surpresa. Pode perceber que não sabe nem o que pensar sobre o que será dito. Está tudo bem.

Quando entramos em contato com novas realidades, demoramos um tempo para assimilar tudo e conseguir entender o que sentimos e pensamos. O livro está em suas mãos e você pode retornar sempre que considerar necessário para compreender melhor os seus sentimentos e, também, das mulheres mães e trabalhadoras.

Se você é uma leitora, você compartilhará com as participantes o fato de ser mulher e tudo o que isso implica em nossa sociedade. Pode compartilhar, ainda, o estado civil, a quantidade de filhos, o tipo de trabalho etc. Mas isso não significa que você vive a situação da mesma maneira. Na verdade, você pode compreender de maneira completamente diferente. Assim, permita-se "ouvir" os relatos sob a ótica das mulheres que logo lhe apresentarei.

Se você é um leitor, sua realidade de vida é bem diferente das participantes. Seu distanciamento da experiência delas é claro, mas não significa que não seja possível compreendê-las. Guarde o que pensa, acha e/ou conhece em uma "caixa" e permita abrir-se ao mundo delas, como descrevem e entendem. Afinal, você homem é importantíssimo na interrupção de padrões e comportamentos de gênero contraproducentes. E ainda pode influenciar e/ou sensibilizar outros homens. Você pode ter uma mãe ainda viva, uma filha, uma irmã, uma esposa, amigas, colegas de trabalho, namorada, enfim, você convive com mulheres e poderá ser mais empático às suas realidades conhecendo uma outra versão dos fatos.

Além da empatia, você pode ser simpatizante da causa e agir em benefício dela em seu local de trabalho, em rodas de conversa, na educação das filhas ou filhos, no diálogo familiar etc.

Vamos?

AS PARTICIPANTES: MULHERES, MÃES, TRABALHADORAS E ESPOSAS

As mulheres, mães e trabalhadoras (e esposas*) que contribuíram para este estudo não foram selecionadas. Na verdade, eu fui indicada como alguém que poderia ouvir suas experiências e elas escolheram, por elas mesmas, participar do estudo como forma de contribuir para a compreensão deste fenômeno, talvez vivido com semelhante inquietude por todas nós.

Divulguei a pesquisa entre as mulheres mães e trabalhadoras que fizeram, em algum momento, parte da minha história pessoal ou profissional. Dentre elas, nove mulheres demonstraram interesse em contribuir. Destas, somente cinco fizeram parte do estudo, em virtude da facilidade de deslocamento e da disponibilidade de horário para a realização dos encontros, manifestadas pelas próprias mulheres.

A disponibilidade de horário foi levantada previamente e os encontros foram realizados nos dias e horários em que a maioria delas poderia estar presente.

> * A expressão "e esposas" está entre parênteses porque essa característica das mães trabalhadoras não tinha vindo à tona durante os meus estudos prévios. Não tinha tido contato com as dificuldades que a conjugalidade impunha. Logo, a temática mostrou-se de forma surpreendente para mim. Por isso, uso entre parênteses para enfatizar o acréscimo dessa característica ao longo do contato com as participantes.

> Olha as dificuldades da maternidade já se mostrando na construção do grupo.

Duas mulheres não conseguiram ajustar as agendas às datas e aos horários possíveis. Desse modo, não puderam contribuir. Outras duas não conseguiram comparecer aos encontros em virtude da impossibilidade de ausentar-se do lar por não terem com quem deixar os filhos no horário de realização dos encontros. A cada encontro, demonstraram tentar comparecer e contribuir, apresentando pesar com as repetidas ausências. Infelizmente, não conseguiram participar de nenhum.

Os dias e horários eleitos pelas mães revelaram a rotina de atividades e trabalho que tinham. O sábado e o domingo eram dias dedicados ao descanso ou às atividades com os filhos, esposos, familiares, atividades domésticas ou compromissos sociais. A participação no estudo nesses dias poderia comprometer a realização das atividades.

Tive, então, a contribuição de cinco mulheres, mães, trabalhadoras (e esposas). Para preservar suas identidades e garantir o conforto nos relatos, pedi que elas escolhessem os nomes pelos quais gostariam de ser representadas durante o relato do trabalho. Orientei, somente, que fossem nomes de mulheres que tivessem alguma importância em suas vidas. Tivemos, então, as seguintes mulheres, mães e trabalhadoras (e esposas) que contribuíram para minha imersão neste fenômeno:

- **Frida Kahlo:** servidora pública, professora da iniciativa privada, 33 anos e uma filha. Quando perguntada sobre a escolha do nome, ela respondeu que *"não existe uma razão excepcional. Frida basicamente diverge completamente do que sou. Além de uma artista excepcional, bissexual, comunista (nessa parte nos aproximamos), estéril, ter casado duas vezes com o mesmo homem e ter sofrido horrores no casamento, o que me chama bastante atenção é seu estilo próprio de viver e de se vestir. Em virtude de uma doença (acho que*

foi poliomielite) ela passa a vestir saias longas e muito coloridas, adornos grandes no cabelo, colares exuberantes, vestidos bordados. Enfim, acho que esse estilo livre de amarras e padrões da sociedade (seja de comportamento, seja de pensamento), sem ligar muito para o que os outros pensavam, já naquela época, me parece invejável. Embora seja uma mulher de atividade política intensa, teve grandes dificuldades na vida íntima, sendo traída pela própria irmã. Além disso, muitos julgam que sua obra era surrealista, mas na verdade ela retratava apenas o que vivia. Acredito que Frida Kahlo teve uma vida autêntica e foi uma mulher de vanguarda. Por isso, a admiro.".

- **Íngrid Betancourt:** tem 32 anos, um menino de quatro anos e é jornalista. Escolheu o nome da Ingrid Betancourt por estar lendo *"e apaixonada"* pela biografia da senadora e candidata à presidência da Colômbia, que foi sequestrada quando fazia campanha à presidência. *"Era uma política reconhecida e ativista anticorrupção. Passou quase sete anos em cativeiro, foi violentada, passou fome e teve doenças graves em decorrência da vida na selva colombiana. Mesmo presa, ela enfrentava com toda força os maus tratos que impunham a ela e aos outros sequestrados. Defendia seus pontos de vista, mesmo sob violência. E não parou de exigir seus direitos durante todos os anos que passou em cativeiro".*

- **Maria**: tem 32 anos, é mãe de dois filhos e atuante em empresa privada. Escolheu o nome Maria (mãe de Jesus) por ter sido *"fundamental na minha vida"* em um momento de dificuldades pessoais. *"Ela é meu exemplo, assim. Eu sonho um dia poder ter um por cento da humildade, do silêncio, da mansidão que Nossa Senhora tem. De ser múltipla, em uma só. De ser várias coisas, várias pessoas em uma só".*

- **Joana:** é mãe de um menino, professora e tem 33 anos. Para justificar a escolha do nome da mulher, a participante apenas explicou que Joana é o nome de uma pessoa que ela não pôde conhecer.

- **Ana**: tem 33 anos, é mãe de um menino e professora. Escolheu Ana por ser um nome *"comum"*.

A escolha dos nomes refletiu fortemente as características dessas mulheres, mães e trabalhadoras reveladas durante os encontros. Frida e Íngrid apresentaram relatos mais politizados. Maria trouxe aspectos religiosos em seu discurso e Joana e Ana demonstraram simplicidade, singeleza e humildade na maneira de se colocarem.

Todas as participantes possuíam nível superior, viviam em residências próprias, contavam com o auxílio de diarista ou empregada doméstica, trabalham segundo o regime da Consolidação das Leis Trabalhistas (CLT) ou sob o regime jurídico da Lei n.º 8.112 (BRASIL, 1990), dos servidores públicos, e com jornada de trabalho entre seis ou oito horas por dia (assim como os seus esposos). As características acima indicam, indiretamente, o nível socioeconômico delas, no entanto, esse aspecto não foi abordado na coleta de dados das participantes.

Também não houve seleção de participantes de acordo com o estado civil. Coincidentemente, todas eram casadas. Essa coincidência acabou sendo o ponto chave de todo o trabalho, como lembra Amatuzzi (2003, p. 21) "o vivido não necessariamente é sabido de antemão".

O meu encontro com elas

Considerando a importância das vozes e das experiências das mulheres mães e trabalhadoras, optei pela realização de um grupo focal como estratégia promotora de um espaço de fala, reflexão e tomada de consciência de suas realidades. Realizar entrevistas individuais não teria o impacto de troca de experiência com outras mulheres. O contato individual com as participantes manteria cada uma delas em sua realidade singular, embora compartilhada com tantas outras mulheres nas mesmas condições (trabalho e maternidade).

O grupo focal, como estratégia metodológica, foi inicialmente utilizado em pesquisas de marketing nos anos 1950. Sua prática foi mais fortemente difundida na década de 1980, na realização de pesquisas nas áreas social e da saúde (CARLINI-COTRIM, 1996; DIAS, 2000; ASCHIDAMINI; SAUPE, 2004; GATTI, 2012).

Os grupos focais têm sido usados em pesquisas sociais por permitirem, de acordo com Gatti (2012, p. 11),

> [...] compreender processos de construção da realidade por determinados grupos sociais, compreender práticas cotidianas, ações e reações a fatos e eventos, comportamentos e atitudes, constituindo-se uma técnica importante para o conhecimento das representações, preconceitos, linguagens e simbologias prevalentes no trato de uma dada questão por pessoas que partilham de traços em comum, relevantes para o estudo do problema visado.

O objetivo principal do método é a interação de pessoas que vivenciam uma experiência comum, sendo possível o compartilhamento de ideias, sentimentos, comportamentos, percepções e crenças sobre essa experiência de acordo com a visão, as palavras e os gestos dos próprios participantes (DE ANTONI, 2001).

As principais vantagens do uso do grupo focal residem no fato da técnica possibilitar, por meio dessa interação, a reflexão dos participantes sobre suas próprias experiências com base nas experiências de outras pessoas sobre a mesma temática (CARLINI-COTRIM, 1996; ASCHIDAMINI; SAUPE, 2004).

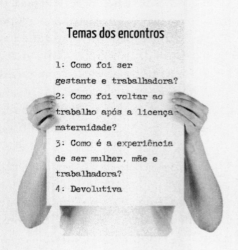

Temas dos encontros

1: Como foi ser gestante e trabalhadora?
2: Como foi voltar ao trabalho após a licença maternidade?
3: Como é a experiência de ser mulher, mãe e trabalhadora?
4: Devolutiva

Os encontros realizados nesta pesquisa foram iniciados com perguntas norteadoras para motivar a discussão entre as participantes.

Acostumada a falar bastante sobre minhas experiências e aventuras na maternidade, como pesquisadora precisei exercer com intensidade a escuta. No ambiente clínico, o contexto terapêutico me sinaliza claramente que a psicóloga entra em ação. Fecho a porta do consultório ou aceito a chamada no atendimento on-line e a psicóloga que habita em mim é ativada. É tão interessante que, quando faço muitos atendimentos seguidos, demoro para desligar a psicóloga e me vejo reflexiva, silenciosa e analítica por alguns instantes.

> Chamamos de *setting* terapêutico o lugar em que a sessão é realizada. Este lugar não é somente físico, mas simbólico também. É como se entrássemos num palco e lá fosse ambiente para a psicoterapia. É a marcação desse ambiente psicoterapêutico.

Como pesquisadora, o *setting* terapêutico não se presentificou tão claramente. O clima descontraído entre as participantes, a presença de diferentes mulheres e a troca intensa entre elas, fazia minha língua coçar para falar de mim também.

Dessa forma, a inquietude foi marcante durante o exercício do silêncio. Silenciar-me foi uma medida necessária para que outras vozes pudessem falar. E, nesse sentido, a riqueza pôde ser encontrada. Acostumada a ouvir a minha própria voz, ou vozes indiretas e distantes, ouvir de perto vozes roucas de exaustivamente tentarem se fazer ouvir; vozes acanhadas por, talvez, não terem sido anteriormente solicitadas ou autorizadas a falar; ou apenas vozes desejosas de alguém que as escutasse, foi um exercício desafiador plenamente degustado em cada encontro realizado.

O grupo mostrou-se, ao longo dos encontros, uma alternativa eficaz não somente para os objetivos da pesquisa, mas por ter proporcionado audiência a essas mulheres, o entrelaçamento de suas experiências e o consequente acolhimento.

Assim, os encontros para a coleta de dados mostraram-se encontros delas consigo mesmas, comigo e com aspectos que não haviam sido identificados ou percebidos com clareza antes dessa oportunidade.

A EXPERIÊNCIA DAS MÃES E TRABALHADORAS

A realização dos encontros com as mães trabalhadoras possibilitou não só o aprofundamento em suas experiências como a vivência compartilhada delas. Pude acompanhar as dificuldades para participarem dos encontros, o cansaço do dia de trabalho, as preocupações com os filhos, o desejo de compartilhar as experiências pessoais e, em alguns momentos, a necessidade de sair mais cedo ou se atrasar por precisarem ajustar o contexto doméstico, especialmente, o cuidado com os filhos.

Desse modo, o fenômeno da maternidade trabalhadora foi evidenciado não somente pelo relato das mulheres, mas ele se mostrou, efetivamente, a todas nós durante a realização da pesquisa por diferentes formas. Pude acompanhar e observar os olhares atentos aos celulares, a fome por não terem tido tempo de se alimentar, os suspiros de cansaço, as vozes inflamadas, as emoções sendo experimentadas, as vozes sendo ouvidas e a experiência compartilhada e validada umas pelas outras.

O fato de verem umas nas outras as mesmas sensações ou sentimentos, de identificarem dificuldades vividas também por outras mulheres, de perceberem que não viviam sozinhas seus dilemas foram confortantes para elas, conforme relato de Joana.

> "Que bom que não sou só eu".

O conteúdo e o resultado da análise dos relatos dos encontros foram organizados em eixos temáticos que condensam as experiências em temas semelhantes, de modo a melhor compreendê-los e aprofundá-los. Os exponho a seguir.:

- **A mãe trabalhadora**: preferência para sentar e limites para trabalhar.

- **"Mulher maravilha"**: a difícil manutenção da mulher, da trabalhadora e da esposa diante da mãe.

- **Estado civil**: cansada.

- **Maternidade silenciosa e solitária.**

Cada eixo temático será apresentado em detalhe nos próximos capítulos.

A MÃE TRABALHADORA: PREFERÊNCIA PARA SENTAR E LIMITES PARA TRABALHAR

A experiência da maternidade trabalhadora inicia-se com a gestação, ou mesmo antes dela. Acreditem ou não, a simples intenção de engravidar precisa ser informada ao empregador, de modo que possa organizar o processo de trabalho quando a trabalhadora se ausentar para a licença maternidade.

Essa é a justificativa utilizada, talvez a que soe mais razoável e não denuncie estratégias discriminatórias em relação às mulheres em idade fértil no ambiente corporativo.

Apresento esses fatos a vocês sem acreditar que o estou fazendo. Isso porque, em 2022, 62% das mulheres brasileiras já haviam engravidado ao menos uma vez sem que isso estivesse em seus planos[8]. Isso significa que sondar a intenção de gestar configura estratégia

---

[8] Dados obtidos por meio de uma pesquisa da Bayer, em parceria com a Federação Brasileira das Associações de Ginecologia e Obstetrícia (Febrasgo). Disponível em: https://www.bayer.com.br/pt/blog/gravidez-nao-planejada-atinge-62-mulheres-brasil. Acesso em: 20 fev. 2023.

ineficaz. E, se assim o é, não faz sentido utilizá-la. Considerando que as mulheres não engravidam sozinhas (na maioria dos casos, pois temos as mães que decidem pela fertilização in vitro de embriões de doadores anônimos dos bancos de embriões existentes), a mesma pergunta deveria ser feita aos homens, os quais também se tornam pais de modo não planejado.

Você pode até ponderar comigo que o impacto da gestação de uma funcionária para uma empresa é bem maior do que o impacto causado por um funcionário que acompanha a gestação de sua companheira. Na verdade, essa última situação, atualmente, provoca impacto próximo ou igual a nulo.

Considerando as empresas que atuam com regime contratação com base na CLT (Consolidação das Leis Trabalhistas), elas pagam o valor integral do salário da funcionária afastada. Como de praxe costuma-se contratar uma funcionária para substituir aquela afastada, o empregador ainda investirá em um contrato temporário, o qual possui diferenças tímidas no que se refere à tributação para o empregador. A situação que se apresenta ao empregador é o pagamento de, praticamente, dois salários e encargos relacionados quando possui uma funcionária de licença maternidade e outra substituindo-a.

De acordo com o texto para discussão publicado pelo IPEA, em 2021, sobre o "Os impactos do aumento da licença-maternidade sobre os padrões de oferta de trabalho feminino ao nível das empresas", as pequenas empresas possuem muita dificuldade para a substituição da funcionária afastada, em virtude dos encargos financeiros relacionados. Mais condições têm, então, empresas com potencial de arrecadação maior (IPEA, 2021).

A situação que se apresenta para a mulher trabalhadora em idade fértil é de insegurança e instabilidade funcional. É claro que, na iniciativa privada, não falamos em estabilidade, mas para essas trabalhadoras a instabilidade é ainda maior. Temos, então, um cenário nada favorável para a contratação dessas mulheres e isso explica as queixas das participantes da pesquisa que realizei. Ana e Ingrid

Betancourt, por exemplo, relataram situações de trabalho que implicavam a necessidade do anúncio da intenção de engravidar, corroborando, minimamente, um receio do empregador quanto à admissão de mulheres com intenção de gestar:

Ana e Íngrid apresentam percepções bem distintas quanto ao tema. Perceberam? Se não, eu apresento para vocês: Íngrid é claramente crítica e sua discordância da conduta da empresa é notória. Já Ana apresenta quase que uma empatia pelo empregador e, talvez, por seu gestor.

"Quando eu fiz a entrevista pra essa vaga mesmo, [...], eu recebi um questionário perguntando se eu tinha interesse em engravidar nos próximos meses. Que interesse o empregador tem nisso que não de saber se eu vou ficar fora, de antecipar?".

"Todo ano, meu chefe faz um orçamento para a (empresa). Então, chega em outubro, é a época de fazer orçamento. Então ele já vai sondando as pessoas, entendeu? As mulheres, assim, 'você tem ideia de engravidar ano que vem?'. Porque ele precisa ter uma noção se ele vai ter que ter um gasto maior com substituição, com licença, essas coisas".

Entendo que as duas visões são cabíveis. A crítica, de modo geral, recai sobre o fato de de a regulamentação e tributação trabalhistas que não colaborarem para a admissão e/ou manutenção de trabalhadoras em idade fértil. E aceitação de uma dificuldade de micro e pequenas empresas para o pagamento da licença maternidade e, também, uma pessoa substituta. Este último não era o caso de nenhuma das duas participantes. Na verdade, nenhuma participante da pesquisa fazia parte de uma empresa de pequeno porte.

E como fazer? Confesso que eu me pego bem desesperançosa quando me vejo diante desse questionamento. O cenário trabalhista vigente é muito desfavorável para nós mulheres. É urgente o desenvolvimento de políticas públicas ou reformas na tributação trabalhista que minimizem o impacto financeiro da contração de mulheres em idade fértil (só eu me incomodo de escrever isso: *mulheres em idade fértil?*). E já seria uma tímida, porém efetiva ação nesse sentido. A contratação de uma pessoa para substituição da funcionária afastada pela licença maternidade poderia ter tributação reduzida, por exemplo. Além disso, a empresa que possui um número específico de mulheres também poderia ter redução em sua tributação, uma vez que apresenta mais possibilidade de pagamento de licenças maternidades.

No mesmo texto que comentei anteriormente, publicado pelo IPEA, foi realizada uma pesquisa quanto aos impactos da adesão ao Programa Empresa Cidadã às mulheres e homens brasileiros. A pesquisa foi complexa e com estratégia metodológica organizada e coerente. Os resultados evidenciaram que após aderir ao Programa Empresa Cidadã, as empresas:

- contrataram mais mulheres;

- não alteraram o salário das trabalhadoras (nem para mais, nem para menos);

- não deixaram de contratar homens; e

- não alteraram o salário dos trabalhadores homens.

Isso significa uma implicação positiva para as mulheres adeptas ao programa. O quantitativo de empresas que o fizeram, no entanto, não é significativo devido aos critérios de elegibilidade conforme ressaltado pela própria pesquisa. O que quero dizer, entretanto, é que há saída. E que essa alternativa integradora já apresenta bons resultados. Ampliemo-la, então!

Enquanto isso não acontece, o que se apresentou às participantes da pesquisa que apresento a vocês neste livro é que não só a expectativa da gestação precisava ser anunciada, mas, mais fortemente ainda, a própria gestação.

A descoberta da gestação foi vivida de modo satisfatório e alegre por todas as mães trabalhadoras no que se refere à experiência pessoal de engravidar. No entanto, foi acompanhada de medo quanto à repercussão do anúncio da gravidez no local de trabalho (o que é plausível diante do cenário que apresentei para vocês), bem como uma sensação de desonestidade quanto mais avançava a gestação permanecia oculta. Elas temiam uma possível retaliação dos superiores e/ou colegas de trabalho ou a demissão no retorno da licença maternidade.

"Eu já sabia, já tinha a notícia que estava grávida e eu me sentia desonesta em não falar que estava grávida. Meu sentimento foi esse, de que eu talvez poderia estar fazendo algo errado em não falar de prontidão. Mas eu não sei exatamente por que esse sentimento de desonestidade."

"Eu fiquei na dúvida".

"Não sei por que mas não é algo tranquilo. A gente vai se sentindo culpada, a gente se prepara, né?".

Os temores não são fruto de inseguranças ou fantasias particulares dessas mulheres. As especulações baseiam-se na ótica empresarial/trabalhista exposta anteriormente. Enquanto uma trabalhadora gestante ou de licença maternidade significar prejuízos para o andamento dos processos organizacionais como substituição da colaboradora de licença, pagamento da licença maternidade, pagamento de dias não trabalhados em virtude de atestados médicos, interrupção no fluxo do trabalho com a saída da trabalhadora, dentre outros aspectos; nossa entrada e manutenção será um entrave.

Ainda que alguns aspectos listados configurem direitos adquiridos para que as mães consigam, minimamente, bem criar e desenvolver o que batemos no peito para chamarmos de "futuro da nação"; o mundo do trabalho continua organizado em torno da produtividade e do lucro e a isso irá atender.

As despesas ou prejuízos relacionados anteriormente aliados à ideologia de que os filhos prejudicam o bom rendimento no trabalho contribuem para uma percepção negativa ou, no mínimo, desconfiada das trabalhadoras com grande potencial para engravidar, grávidas ou com filhos.

Superados os temores do anúncio da gravidez, a atuação das mães trabalhadoras concentrou-se em mostrarem-se tão eficientes quanto os homens (não grávidos) na execução das atividades profissionais. Ora, precisavam mostrarem-se úteis para serem mantidas nas empresas após o período de estabilidade e, para além disso, quase como um compromisso social, demonstrarem que trabalhadoras gestantes não dão prejuízo e são tão eficientes quanto os demais funcionários.

No entanto, elas não estavam, em alguns momentos da gestação, em condições plenas de igualdade para a competição(?) com os colegas ou com seus próprios resultados anteriores. Isso devido aos desconfortos comuns do processo gestacional, mesmo que suas gestações tenham sido saudáveis, como: azia, enjoos, vômitos, mal-estar, frequente necessidade de ir ao banheiro, dificuldade para subir escadas e ficar muito tempo em pé etc.

Frida Kahlo ressalta claramente a presença de condições que não favoreciam o desempenho das atividades profissionais durante a gestação, entretanto, sentia a exigência da manutenção de bons resultados.

A mãe trabalhadora relatou que, por vezes, vomitou em sala de aula, contando com a ajuda dos alunos. As mães trabalhadoras argumentaram que o ambiente de trabalho precisa se adaptar às condições físicas naturais e comuns vividas pelas mulheres grávidas, sob pena de prejuízo para a saúde da gestante, do bebê e do rendimento no trabalho.

Consideraram que o mundo do trabalho, como traz Frida Kahlo, apresenta *"um formato que foi feito por homens e para os homens"*, não contemplando as necessidades das mulheres trabalhadoras.

"Especialmente no início, que eu sentia muita (pausa), aquela fase de muita, é... enjoo, azia, queimação. Tinha dias que eu fazia 'caramba, eu não quero dar aula hoje porque não quero. Não quero. Tô passando mal, quero ficar em casa sem fazer nada'. E eu me sentia culpada por isso. Por ter essa vontade de não dar aula. Mas eu tenho que ir. Tô passando mal, mas eu vou dar aula".

"Tinha um banheiro do lado da minha sala (risos). Imagino que se fosse hoje, no trabalho que eu tenho, seria um grande problema para mim. Porque, por exemplo, hoje eu passei o dia inteiro sentada. Eu não saio. Às vezes eu tenho vontade de fazer xixi e não vou, porque eu não posso".

"Esse formato contempla o momento que a mulher está amamentando? Não, não contempla. Então, assim, eu acho que as adequações são feitas para as necessidades que são diferenciadas. É só a gente pensar, por exemplo, nos portadores de deficiência. As necessidades são outras, mas eles podem desempenhar as funções dentro daquela limitação. Então precisa do ambiente de trabalho tá adequado para isso. Tá adaptado. Da mesma forma para as mulheres gestantes, para as mulheres mães no puerpério, sei lá (risos)... porque é um momento diferenciado".

Como não há adaptações, elas se viram na necessidade/obrigação de se adaptarem às condições de que dispunham, evidenciando ambientes de trabalho masculinizados e os sentimentos decorrentes dessa forçada inclusão.

Essa inadaptação ocorre, inclusive, a despeito de previsões legais que orientam a disponibilização de salas públicas para amamentação ou retirada do leite materno durante a jornada de trabalho, dentro dos intervalos previstos pela Lei da Amamentação.

Especialmente em relação à amamentação, vimos grandes contradições em termos das legislações vigentes e as práticas de trabalho, conforme o relato de Íngrid Betancourt.

A Consolidação das Leis do Trabalho (CLT) prevê o direito a 15 dias de licença amamentação para

"Eu tirava leite no (empresa), no banheiro de deficiente, que tinha mais espaço. Mas eu tirava no banheiro porque eu não tinha local adequado. Mas não é o local mais adequado. Não era pra eu tá no banheiro tirando leite. Mas eu não tinha outro local pra fazer".

a trabalhadora, período em que "para amamentar o próprio filho até que este complete seis (6) meses de idade, a mulher terá direito, durante a jornada de trabalho, a dois **descansos** especiais, de meia hora cada um" (grifo nosso) (BRASIL, 1943).

Percebe-se que a pausa para a amamentação ou retirada do leite é compreendida pela legislação e, obviamente, pelas instituições empregadoras como um "descanso". A conotação é de um privilégio que a trabalhadora tem, em relação aos demais trabalhadores, de ausentar-se da jornada de trabalho estressante ou eximir-se de responsabilidades laborais, para descansar enquanto amamenta o seu bebê.

A redação da lei não denota uma legitimação da necessidade do afastamento da trabalhadora da sua rotina de trabalho ou uma medida que beneficia a saúde do bebê e da própria mãe, considerando os prejuízos da interrupção da amamentação como mamas enrijecidas, "empedradas" e redução do fluxo de leite, com consequente prejuízo para a continuidade da amamentação do bebê (BRASIL, 2009).

Vale ressaltar que o Ministério da Saúde orienta que as mães amamentem exclusivamente seus filhos com o leite materno até os seis meses de idade e o Estatuto da Criança e do Adolescente prevê a disponibilização de ambientes para amamentação em empresas públicas, instituições e organizações (GDF, 1990). Identificaram a contradição?

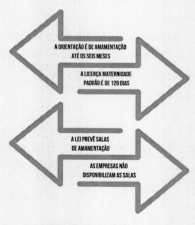

Figura produzida pela autora.

A expectativa e a realidade seguem caminhos opostos. Ainda que a expectativa esteja baseada em legislação vigente. Isso significa que a exclusão da mulher do mercado de trabalho não é só resultado de uma realidade econômico-financeira desvantajosa. Ela ainda é reflexo de uma cultura que não compreende o ambiente corporativo como espaço feminino. Além disso, é reflexo de uma representatividade ainda pequena de mulheres em instâncias decisórias para o estabelecimento de melhores condições de vida para esse grupo.

Bem, ainda no campo das expectativas, podemos perceber que as legislações são coerentes no que se refere à promoção e proteção do aleitamento materno pelas mulheres mães e trabalhadoras. No entanto, conforme o próprio texto da nota técnica conjunta, número 01/2010, do Ministério da Saúde e Agência Vigilância Sanitária (Anvisa) (BRASIL, 2010), não há obrigatoriedade no cumprimento das previsões legais:

> Embora o artigo 9º do Estatuto da Criança e do Adolescente preveja que: "O poder público, as instituições e os empregadores propiciarão condições adequadas ao aleitamento materno, inclusive aos filhos de mães submetidas à medida privativa de liberdade", não há obrigatoriedade nem legislação sanitária específica para as salas de apoio à amamentação em empresas.

Na prática, a lei prevê, orienta, mas não garante o direito. Ora, de que vale uma lei se não há obrigatoriedade em seu cumprimento? Seria a criação da lei apenas para nos deixar a sensação de inclusão e acesso, mas que desde sempre se soube que não seria cumprida?

São raras as empresas que disponibilizam locais para as trabalhadoras amamentarem seus filhos ou realizarem a retirada do leite. Ainda que possuam esse local, as trabalhadoras precisam de um auxílio externo para locomoção dos filhos até o trabalho, o que nem sempre dispõem. Quem terá alguém para sair de casa e levar o bebê até o local de trabalho da mãe e depois voltar para casa? Quem tem alguém para ficar com o bebê no local de trabalho para que a mãe possa amamentá-lo?

A *Cartilha para a mãe trabalhadora que amamenta* (BRASIL, 2015), publicada pelo Ministério da Saúde, oferece dicas para a trabalhadora continuar amamentando o filho após o retorno ao trabalho, as quais evidenciam a necessidade da trabalhadora "pedir", "conversar" ou "explicar" para o superior hierárquico a necessidade do cumprimento da legislação que a protege.

> Algumas dicas: – Se for possível e desejado, leve o bebê pequeno com você ao trabalho, ou peça para alguém levá-lo no trabalho para ser amamentado; **– Converse com o patrão para ver a possibilidade de você ter maior flexibilidade nos horários de trabalho (chegar mais tarde, sair mais cedo, reduzir a carga horária); – <u>Fale e explique ao seu patrão e seus colegas a importância de amamentar,</u>** explique especialmente que o leite materno protege seu filho, que ficará menos doente, e que, assim, você **faltará menos ao trabalho e estará mais contente**; explique tudo isso também aos seus familiares. (grifos nossos)

Tem-se na cartilha divulgada pelo próprio governo brasileiro a denúncia (grifos) de práticas culturais e profissionais androcentradas que desqualificam assustadoramente as previsões legais, as quais foram formuladas com base em evidências científicas quanto ao benefício da prática da amamentação à saúde da mãe e da criança.

A amamentação é um direito e a mãe não deveria ser submetida à necessidade de conversar com o empregador sobre a possibilidade de fazer gozo desse direito. O texto da cartilha dá a entender que a trabalhadora precisa convencer os colegas de trabalho e gestores da importância de amamentar e fazer uso de um direito que é dela.

O beneficiado neste esquema é o empregador com a assiduidade no trabalho dessa mãe trabalhadora, ainda que exista um bebê sendo alimentado por ela. ste bebê é um cidadão deste país e deveria ter amparo social e legal para que crescesse conforme pressupõe nossa Constituição e o Estatuto da Criança e do Adolescente.

O ambiente corporativo, via texto da cartilha, mostra-se egoísta e autocentrado. São os interesses corporativos de produtividade e lucro que importam e não o bem-estar de, diretamente, duas pessoas (mãe e filho).

A amamentação é defendida pelo Ministério da Saúde e demais entidades de saúde. No entanto, percebe-se que há a exigência da amamentação por um lado. Por outro, a não apropriação desse direito e benefício pelo ambiente corporativo.

Muitas das evidências científicas para a amamentação foram utilizadas para sustentar o argumento das mães como principais responsáveis e mais capacitadas para os cuidados com o bebê (MOURA; ARAÚJO, 2004). Foi pelas mamas fartas que as mulheres tiveram seu lugar destacado na maternidade (ARIÉS, 1981) como promotoras de filhos sadios e futuros cidadãos que pudessem contribuir para o país do qual faziam parte. E é muito por meio dessas mesmas mamas que as mães se veem divididas entre a maternidade e o trabalho.

Em 2015 foi promulgado o Decreto nº 8.552, que regulamenta a Lei n.º 11.265, de janeiro de 2006, restringindo a publicidade de produtos alimentícios que possam interferir na adesão da criança ao aleitamento materno. Em 2018, esse decreto foi inteiramente revogado pelo decreto n.º 9.579 (BRASIL, 2018). No entanto, não é promovido o mesmo rigor do cumprimento de leis que já existem relacionadas ao ambiente de trabalho das mulheres mães e trabalhadoras.

Uma medida relacionada a esse tema é a implantação de creches nos ambientes organizacionais, além das salas de amamentação. O artigo 389 da CLT, com redação alterada pelo Decreto-Lei n.º 229, de 28.2.1967, versa que:

> Os estabelecimentos em que trabalharem pelo menos 30 (trinta) mulheres com mais de 16 (dezesseis) anos de idade terão local apropriado onde seja permitido às empregadas guardar sob vigilância e assistência os seus filhos no período da amamentação (BRASIL, 1967).

Alguns órgãos do governo federal e/ou estaduais disponibilizam berçários ou creches para os filhos dos servidores. No entanto, na realidade das empresas públicas ou privadas, o mais comum (quando oferecido) é a existência do auxílio-creche, por meio do qual a trabalhadora recebe um auxílio financeiro para pagamento das despesas como berçário, creche ou escola de educação infantil (escolhida por ela dentre as possibilidades de mercado) em uma localidade de sua preferência ou possibilidades financeiras.

Para as mães que não possuem condições de custeio de uma creche privada, o Distrito Federal contava, em março de 2023, com 59 Centros de Educação da Primeira Infância (CEPIs), convênio com 123 entidades parceiras e 7 escolas públicas com atendimento de educação infantil, totalizando 23 mil crianças atendidas. Ainda assim, a lista de espera era de aproximadamente 20 mil crianças! (SEEDF, 2023).

As mulheres do estudo entendem que as creches não devem ser um benefício somente das mulheres trabalhadoras, mas dos pais trabalhadores também, evidenciando a necessidade de um equilíbrio das responsabilidades nas relações parentais.

Sobre o gozo de direitos e exercício de deveres, durante os encontros e os relatos sobre as inadaptações do local de trabalho às necessidades especiais de uma gestante, Íngrid Betancourt fez um questionamento sobre as exigências que elas estavam impondo para as instituições empregadoras, como se elas estivessem exigindo além dos direitos que possuem.

"eu tava, é... só pensando aqui... (certa dificuldade para se expressar). A Gente tá falando. A gente... Vamos ver se eu consigo me colocar. A gente tá falando que é condição diferenciada. A gente não se diferenciar por estarmos grávidas, não deixar de contratar, não mudar o tratamento. Mas, ao mesmo tempo, a gente quer e acha justo condições diferenciadas pela nossa condição de grávida. Entendeu? Eu tô falando. Eu tô colocando isso, assim. Que ponto que a gente tá (pausa)?".

Ela expressa, efetivamente, o paradoxo a que estão submetidas diante da sua dupla posição de mãe e trabalhadora. De um lado, elas gritam a necessidade de marcar a diferença das mulheres e os ajustes necessários em virtude dessas mesmas diferenças. De outro, oprimem e ofuscam essas diferenças para que não sejam pejorativamente interpretadas, gerando prejuízos como demissão, menor ganho financeiro, perda de oportunidades para o encarreiramento etc. Como traz Frida Kahlo *"Você tem que se virar. Você que se vira. Não há adaptações"*.

As demais mulheres complementaram com o fato de que as mudanças no trabalho serem realizadas em benefício do empregador e manutenção do lucro, como redução de jornada de trabalho e consequente repercussão negativa na remuneração, no caso das professoras. Não são tomadas medidas que visem o bem-estar da trabalhadora ou trabalhadores com condições físicas que exigem adaptações.

E adaptar o contexto do trabalho às necessidades das mulheres trabalhadoras é legitimar sua entrada e permanência no espaço público do trabalho. No entanto, as adaptações implicam em despesas que não trazem retorno financeiro direto e evidente. Esse aspecto pode ser observado também na inserção e manutenção das pessoas com deficiência empregadas.

A Lei n.º 8.213, de 24 de julho de 1991 (BRASIL, 1991), prevê a contratação de uma porcentagem de funcionários com deficiência por empresas com mais de cem contratados em seu quadro geral de funcionários. No entanto, muitas empresas não apresentam as adaptações necessárias aos diversos tipos de deficiência como programas de computador para deficientes visuais ou auditivos, estrutura física que comporte e permita o trânsito de um cadeirante, por exemplo.

No caso das mães trabalhadoras, entretanto, não há exigência legal que implique em alterações na estrutura física e de execução do trabalho de forma a garantir a saúde da trabalhadora gestante ou seu bebê. Essas adaptações ficam a cargo do bom senso ou flexibilidade do gestor, como ressaltou Ana: *"meu chefe foi bonzinho comigo"*. Todavia, a produtividade esperada é equivalente à de um trabalhador não grávido, com ou sem adaptações.

A legislação protege e tem permitido um acesso maior das pessoas com deficiência ao mercado de trabalho. Embora ainda sejam necessários muitos avanços que garantam, também, um melhor acesso desses trabalhadores. De todo modo, há evidências físicas, médicas e científicas que comprovam a necessidade de adaptação do local de trabalho para esses trabalhadores.

O processo gestacional também apresenta alterações, mesmo que momentâneas, no organismo das mulheres trabalhadoras que podem ser igualmente física, médica e cientificamente comprovadas (FERREIRA; TANURE; FERREIRA, 2011; MONTENEGRO; REZENDE FILHO, 2010). Dentre essas alterações podemos citar:

- frequentes idas ao banheiro, uma vez que a bexiga está comprimida pelo útero expandido;

- aumento do apetite pelo consumo maior de nutrientes e consequente necessidade de reposição pela alimentação mais frequente da gestante;

- aumento do sono, ocasionado pelas mudanças hormonais, no metabolismo e na pressão sanguínea da gestante, reduzindo a pressão especialmente no primeiro trimestre da gestação;

- enjoos e vômitos, relacionados às mudanças hormonais;

- dores nas costas e nas pernas, em virtude do aumento do peso e do deslocamento do centro de equilíbrio da mulher.

Essas informações são de fácil acesso e conhecimento até por leigos, deixando claro o aspecto comum desses sintomas. Tem-se, dessa forma, evidenciadas as necessidades de adaptação da rotina e estrutura do local de trabalho para melhor trânsito da gestante trabalhadora e atendimento de demandas que transcendem à sua vontade, mas que são respostas naturais do seu corpo a um processo há muito tempo conhecido pela medicina e sociedade.

Antes que pense que gravidez não é doença, é importante lembrar o caráter particular de experiência desse momento. Não há como negar o ato de gestar provoca alterações significativas no organismo da mulher. Algumas produzem efeitos muito semelhantes a sintomas de diferentes doenças.

Além disso, a gestação não é vivida da mesma forma por todas as mulheres. Eu, por exemplo, em duas das minhas três gestações, fiquei internada por excesso de enjoos e vômitos, condição conhecida como hiperêmese gravídica. Era impossível trabalhar nessa condição. E estou falando somente de mim ou de, pelo menos 2% das gestantes (prevalência da hiperêmese). Frida relatou quadro semelhante, tendo vomitado em sala, durante a aula.

Partindo somente desse quadro, podemos identificar que a gestação pode não ser aquele mar de rosas que imaginamos. Algumas mulheres, obviamente, passam ilesas pela gestação, outras já experimentam essa condição de modo muito desagradável em virtude dos sintomas físicos apresentados. Ressalto que não falo de experiência emocional do gestar, mas das implicações físicas que a gestação provoca.

Embora a gestação seja um fenômeno que acompanha a história, ela foi e ainda é muito vivida sob a esfera doméstica e privada. Isso dificultou a evidenciação dos aspectos desagradáveis da gestação. Com a vida pública e o compartilhamento da gestação com os colegas de trabalho, tornam-se mais conhecidos os aspectos negativos. É a intimidade se fazendo presente publicamente (lembram do espaço íntimo da família burguesa?). Se juntarmos a finalidade lucrativa de uma empresa, com a tardia inserção das mulheres no mercado de trabalho formal e a tradição da maternidade como experiência privada e íntima, temos um contexto bem desfavorável para a manutenção da mulher no mundo corporativo.

Na esfera privada não temos a exigência de produtividade, competitividade ou a busca incessante pelo lucro. Essas exigências são características e objetivos primordiais do mundo público, capitalista e, claro, do trabalho. A tradição patriarcal da prática do trabalho, infelizmente, não teve e ainda não tem "lugar" para a mulher trabalhadora grávida ou com filhos. É como se o mundo corporativo reafirmasse que a mulher não deve trabalhar fora.

> Vale lembrar que já tivemos declarações de representantes do povo a favor de diferenças salariais entre homens e mulheres, uma vez que as mulheres engravidam.
>
> O ex-presidente Jair Bolsonaro, quando ainda deputado (em 2015), declarou ser injusta a equidade salarial: "Eu sou liberal. Defendo a propriedade privada. Se você tem um comércio que emprega 30 pessoas, eu não posso obrigá-lo a empregar 15 mulheres. A mulher luta muito por direitos iguais, legal, tudo bem. Mas eu tenho pena do empresário no Brasil, porque é uma desgraça você ser patrão no nosso país, com tantos direitos trabalhistas. Entre um homem e uma mulher jovem, o que o empresário pensa? "Poxa, essa mulher tá com aliança no dedo, daqui a pouco engravida, seis meses de licença-maternidade..." Bonito pra c..., pra c...! Quem que vai pagar a conta? O empregador. No final, ele abate no INSS, mas quebrou o ritmo de trabalho. Quando ela voltar, vai ter mais um mês de férias, ou seja, ela trabalhou cinco meses em um ano". Disponível em: https://revistacrescer.globo.com/Familia/Maes-e-Trabalho/noticia/2015/02/jair-bolsonaro-diz-que-mulher-deve-ganhar-salario-menor-porque-engravida.html. Acesso em: 20 fev. 2023.

Da forma como estão dadas a regulamentação e as práticas trabalhistas, é realmente difícil manter-se empregada em atividades formais nessas condições, ao mesmo tempo que é necessária a remuneração para custeio das necessidades dos filhos. Eis um paradoxo muito sofrido, como destacou Maria de forma intensa e inflamada em um dos encontros.

"A gente não pode deixar de trabalhar, de ser profissional, entendeu? É um sentimento de conformismo, uma mistura de coisas, assim. Então por mais que eu quisesse pensar em tomar uma decisão... Ah, eu vou trabalhar meio período, ah vou vender isso e vou sair do meu trabalho pra cuidar dos meninos. Por mais que eu tivesse esse sentimento, eu não poderia. Por mais que eu quisesse, que eu planejasse (batendo a mão na mesa), que eu quisesse, eu não poderia. Então, era assim, eu tinha vontade de largar tudo e ficar com eles".

A elaboração de políticas públicas que favoreçam a permanência da mulher mãe em atividades profissionais é fundamental para uma realidade social menos vulnerabilizante dessas mulheres. Considerando que temos um quantitativo considerável de mulheres como responsáveis financeiras do lar, dificultar a prática de uma atividade profissional formal é criar, deliberadamente, condições de vulnerabilização de seus filhos. Afinal, a mulher de classe média para cima terá condições de custear alguém para cuidar de sua prole enquanto exerce suas atividades profissionais. As babás, berçaristas ou monitoras de creche correm o risco de deixar seus filhos em situação de vulnerabilidade para ganhar o pão de cada dia. Ou nem mesmo trabalham formal e remuneradamente.

As Estatísticas de Gênero: Indicadores Sociais das Mulheres no Brasil, divulgadas pelo IPEA, com dados relativos a 2019, evidenciaram índices importantes relacionados ao que venho argumentando:

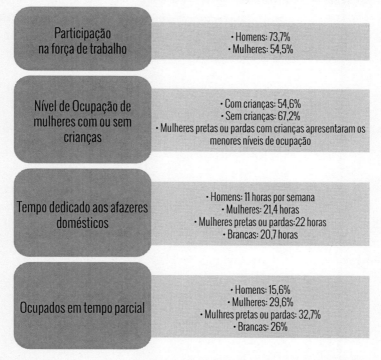

Figura elaborada pela autora, com dados da Pesquisa Nacional por Amostra de Domicílios Contínua 2019. Disponível em: https://biblioteca.ibge.gov.br/visualizacao/livros/liv101784_informativo.pdf. Acesso em: 20 fev. 2023.

O que constatamos com os dados anteriores:

- as mulheres têm aumentado a participação na força de trabalho;
- as que são mães de crianças até 3 anos de idade estão menos ocupadas em relação as que não têm filhos;
- as mulheres estão realizando mais atividades profissionais remuneradas de tempo parcial em relação aos homens;
- elas realizam o dobro das atividades domésticas em relação aos homens;
- as mulheres pretas e pardas apresentam realidade pior em relação às brancas.

Os dados confirmam o que as teorias e pesquisas acadêmicas já vinham apresentando. As condições para o trabalho feminino são bem piores quando comparadas aos homens. Para as mulheres pretas ou pardas, ainda pior em relação ao total de mulheres.

Fazendo um recorte quanto à violência contra a mulher, a mesma publicação do IPEA apresentou um índice de 30,4% dos homicídios femininos acontecendo dentro de suas casas, contra 11,7% dos masculinos.

Segue a lógica. A mulher em idade fértil ou com filhos tem dificuldade de se inserir no mercado. Assim sendo, realiza atividades informais ou de tempo parcial, o que implica em mais tempo em casa. E ainda precisamos considerar as que não estão ocupadas e que passam tempo maior ainda (o termo "ocupada" é utilizado para identificar pessoas que estavam inseridas em atividades remuneradas). Estando em casa, está mais vulnerável a sofrer violência fatal. Para as mulheres pretas ou pardas, estar em casa as vulnerabiliza 34,4% a mais que as brancas e estar na "rua" aumenta em 121% a chance de ser assassinada em relação às mulheres brancas.

É assustador!

Significa que trabalhando ou não, as mulheres não encontram situação favorável para sua efetiva existência!

Voltando à nossa conversa, quando atuava na área de recursos humanos, recebi uma funcionária da empresa aos prantos solicitando liberação do treinamento inicial que fazia parte do processo de admissão. O turno de trabalho da funcionária era noturno (madrugada), mas o treinamento de 15 dias era realizado em horário comercial. Ela não tinha ninguém para dar assistência à filha de 8 anos. Briguei na empresa para que ela fosse dispensada e os conhecimentos do treinamento avaliados de outra forma. Quando digo que briguei é porque foi realmente uma luta conseguir essa proeza. Lembro ainda de a funcionária temer perder a guarda da filha por denúncias dos vizinhos. Esse é um caso real que explicita os dados estatísticos que apresentei para vocês. Percebem a gravidade da situação?

Como um país pode ter equidade de gênero e desenvolver-se plenamente se as mães trabalhadoras são alijadas do ambiente de trabalho? Para Saffioti (2009, p. 131), pesquisadora nesta área:

> [...] a aceitação social relativamente generalizada do padrão 'trabalhadora para a mulher só' (solteira, viúva, divorciada, desquitada ou meramente separada do marido) e mesmo para a mulher casada sem filhos ou com filhos em idades que dispensam cuidados constantes, com a intensidade que a conjuntura econômica nacional e ou internacional permite, é a rejeição, quase completa, mas também variável segundo os diferentes momentos conjunturais, do padrão trabalhadora para mulheres casadas com filhos em tenra idade.

Contamos com práticas organizacionais ou omissões governamentais que dificultam ou tornam extremamente desgastante a manutenção das mães trabalhadoras no exercício de atividades formais (BELTRAME; DONELLI, 2012). Embora estejam estatisticamente ocupando e exercendo trabalhos formalmente remunerados, as mães trabalhadoras não encontram suporte legal ou social

"A Frida falou uma coisa ontem bacana, que esse sistema todo de trabalho, principalmente, ele foi feito pro homem. Tantas horas de trabalho, local de trabalho, porque quem trabalhava antes era o homem. E não é pra gente. Mas se tudo fosse certinho, se a gente coubesse nisso aí, a gente não se sentiria nem mais nem menos. A gente se sentiria igual. Entendeu?".

para o pleno exercício de suas atividades. A fala de Íngrid Betancourt traz fortemente a falta de espaço no mundo do trabalho.

O espaço de trabalho masculinizado direciona as mulheres mães e trabalhadoras para atividades profissionais informais, terceirização do contrato de trabalho (como é o caso de Íngrid Betancourt) e jornadas de trabalho parciais (situação de Ana), como também evidenciaram o dossiê *Políticas Públicas e Relações de Gênero no Mercado de Trabalho*, organizado pelo Centro Feminista de Estudos e Assessoria (CFEMEA) e pelo Fundo para Igualdade de Gênero (FIG/CIDA) (YANOULLAS, 2002) e outros trabalhos (ROCHA-COUTINHO, 2010; SOUZA; RIOS-NETO; QUEIROZ, 2011).

Desculpe se estou enchendo vocês de dados estatísticos, mas apresento-os para que possam materializar a gravidade da situação que foi exposta pelas participantes da pesquisa. Além disso, quero deixar claro que a situação é real, factual e inegável.

Um estudo com mulheres trabalhadoras de baixa renda demonstrou que grande parte das mulheres entrevistadas precisou renunciar aos seus trabalhos formalmente remunerados para dedicar mais tempo aos filhos ou, pelo menos, assumir atividades autônomas que lhes conferissem maior flexibilidade de horário (BRUSCHINI; RICOLDI, 2009).

Na Europa, as estatísticas demonstram que as mulheres sem filhos trabalham mais em relação às mães e ocupam postos mais importantes nas empresas, como executivas e diretoras (BADINTER, 2011). Além disso, a atuação profissional das mulheres apresenta uma redução de acordo com a quantidade de filhos. As políticas familiares implantadas em alguns países europeus não conseguiram reduzir as desigualdades na divisão do trabalho entre homens e mulheres (BADINTER, 2011). Analisando os dados europeus, fico bem preocupada com a melhora da nossa situação aqui no Brasil. Se países de primeiro mundo, em geral, ainda mantêm diferenças importantes quanto à prática profissional de homens e mulheres, mesmo com todas as vitórias dos movimentos de mulheres de lá, o que será de nós?

De qualquer forma, no Brasil, Europa ou no mundo, o trabalho masculinizado proporciona às mulheres trabalhadoras um endereçamento profissional, limitações para os ganhos salariais e ascensão na carreira ou, até mesmo, a extinção da vida profissional assalariada (BRUSCHINI; LOMBARDI, 2000; LIMA, 2008 e 2013; YANNOULAS, 2002).

No relato de Maria, anteriormente exposto, fica claro o paradoxo de continuar trabalhando por gostar de trabalhar e pelo ganho financeiro e o desconforto em afastar-se do filho em virtude do fim da licença maternidade. O cumprimento das previsões legais já listadas poderia diminuir os sentimentos negativos dela e de outras mães trabalhadoras quanto ao retorno ao trabalho.

Mostra-se, assim, a urgência de uma revisão dos padrões para a organização do trabalho nas empresas, uma vez que o modelo em que está pautado (homem provedor – mulher cuidadora) encontra-se preso às práticas sociais e culturais mais fortemente presentes em nosso país até a década de 1950 (PINSKY, 2013).

O Brasil atual é outro, como mostram os indicadores sociais analisados pelo IPEA apresentados agora pouco. A insistência da não proteção da atividade laboral das mulheres mães e trabalhadoras evidencia o ranço patriarcal de nossa cultura, ainda destinando as mulheres ao espaço privado. As transformações sociais levaram as mulheres para o espaço público e a inserção em atividades profissionais formais foi uma via para essa publicidade das mulheres, mas a cultura e a ideologia patriarcais configuram-se ainda arraigadas nos costumes e comportamentos cotidianos.

Diante disso, está dada a desvantagem da mulher mãe e trabalhadora diante de outros profissionais que não precisam de "adaptações", "flexibilidade", "descanso", "explicações" ou "conversas" para a execução do trabalho e que também não realizam trabalho doméstico após a atividade profissional remunerada.

A experiência do trabalho torna-se, então, revestida de sentimentos de medo, desconfortos e sobrecarga pelas mães trabalhadoras do presente estudo, de outros estudos acadêmicos e, ouso dizer que muitas das mulheres que leem essas informações agora. Sentimentos que são experimentados, inclusive, durante o momento de afastamento do trabalho para o gozo da licença maternidade.

O artigo 10, inciso II, alínea b, do Ato das Disposições Constitucionais Transitórias da Constituição Federal do Brasil prevê a estabilidade para a trabalhadora gestante desde o anúncio da gestação até o quinto mês posterior ao parto (BRASIL, 1988). A proximidade do término do prazo definido para a estabilidade foi geradora de angústia e medo de demissão nas mães, em especial aquelas que trabalhavam em empresas privadas.

Durante a própria licença maternidade, experimentaram sentimentos de inutilidade ou desnecessidade para as empresas em que trabalhavam, o que poderia motivar a demissão findada a estabilidade.

"Apesar de depois eu começar a sentir medo das pessoas não me acharem necessária. Eu fiquei com medo de não ser necessária".

"Eu tô aprovando essa menina pra admissão, correndo o risco dela tomar o meu lugar".

"Senti um pouco de medo, já antecipado, com a volta, pelo fato de eu ser contratada (terceirizada)".

À despeito da manutenção do comprometimento com o trabalho, resultados e desempenho após o retorno da licença, a chegada dos filhos implicou na alteração na disponibilidade extra para o trabalho, o que nem sempre foi visto de modo positivo pelo empregador ou colegas de trabalho.

"Eu sou vista com maus olhos porque eu saio no meu horário [...] É um absurdo, então, eu querer ficar com minha família, com minha filha, que é pequena, mama no peito?".

"Eu não consigo mais levar trabalho pra casa. Eu levo, mas não consigo mexer. Quando eu era casada, só casada sem filhos, eu levava e conseguia fazer. Hoje, com os meninos, eu não consigo fazer".

As instituições de trabalho ainda continuam a organizarem-se em torno de um homem trabalhador que tem total disponibilidade para o trabalho, uma vez que seu lar e filhos estão bem amparados pela esposa, como comenta Íngrid Betancourt: *"O modelo masculino de que não tem que voltar pra casa é que tá reinando aí, né? Porque já tem alguém em casa cuidando das coisas".* A impossibilidade de realizar trabalho extra é prejudicial para as mães trabalhadoras. Vejam que contrassenso, uma trabalhadora ser vista com maus olhos por sua equipe e gestor porque vai embora no horário combinado no contrato e não faz atividades em horário e local além da sua jornada de trabalho.

A lógica da produtividade é assim. Nos levam a crer que vestir a camisa da empresa, dedicar-se 150% ou priorizar a empresa em relação à vida pessoal são características de um excelente funcionário. A consequência disso é o adoecimento físico e mental de trabalhadoras e trabalhadores. E é um ciclo que termina somente com o adoecimento grave do funcionário ou mudança de empresa, quando o ciclo inicia novamente. Esse ciclo é o aumento do que é considerado trabalho extra e domiciliar. Chega um momento em que a empresa, equipe e gestor se acostumam com as atividades a mais realizadas pela trabalhadora. E ela precisará oferecer mais ainda.

Infelizmente, essa realidade não é exclusividade das mulheres. Posso dizer que herdamos esse modelo de produtividade. Aos homens sempre foi exigida a entrega máxima ao trabalho. Sobrecarga de trabalho não é saudável nem para homens nem para mulheres.

Retomando à ocupação notória das mulheres em atividades profissionais, torna-se obsoleta da masculinização do trabalho. Outro aspecto que torna ultrapassado esse modelo é a incipiente ruptura do paradigma de irrelevância do pai nos cuidados com o filho e/ou do homem nos cuidados do lar e atividades domésticas. Como

Frida ressaltou: *"E essa é uma demanda que eu fazia para o próprio* (nome esposo). *Amigo, você tem agora uma criança, não dá mais pra você ficar aí* (trabalhando)".

Tornam-se emergentes, então, as discussões, legitimação e estimulação da participação dos homens nessas atividades (BRUS-CHINI; RICOLDI, 2012). O mundo do trabalho autoriza e estimula a entrega total do homem ao trabalho, em prejuízo das atividades paternas, conjugais e domésticas, o que também gera prejuízos para o trabalhador, pai e esposo, bem como para a dinâmica familiar.

Nem preciso dizer, mas já vou dizendo, que o investimento em uma parentalidade ativa, saudável e que consiga dar o suporte efetivo para os filhos é extremamente importante para a realidade social e convivência comunitária. É por meio do investimento nas crianças que se consegue construir uma comunidade e, logo, um país com práticas, costumes e valores correspondentes ao seu crescimento e efetivo progresso.

Ao contrário disso, percebemos uma demanda profissional e uma cultura nacional de superestimação da mãe em detrimento da trabalhadora e do trabalhador em prejuízo do pai. Pior ainda, toda a lógica trabalhista é incompatível com a parentalidade efetiva. Vejam bem: o horário de entrada das crianças na escola é, em geral, 7h ou 7h30. A saída é entre 12h10 e 12h40. Só para citar o turno matutino. Ora, se os responsáveis pela criança entram no trabalho às 8h, horário mais comum, e saem às 18h; como irão deixá-la e buscá-la na escola? Como acompanharão reuniões, eventos, atividades extracurriculares, tarefa de casa etc.?

A resposta é simples: não dá para acompanhar. Ainda que queiram, se trabalham em jornada de 40h semanais, não há como. O que implica, então, na permanência de um dos responsáveis em casa, algum familiar, babá, creche ou, a depender da idade da criança, ela realiza tudo isso sozinha. E, assim, já iniciamos uma corrida em relação à plena formação acadêmica da nova cidadã em condições desiguais. Em 2019, as mulheres pretas ou pardas, por exemplo, apresentaram quase metade da frequência ao ensino superior, quase duas vezes menos que as brancas, e 30% menor em relação aos homens brancos. O homem preto ou pardo obteve somente 15,7% (IBGE, 2019).

É impossível dissociar a realidade de ocupação e atividade doméstica das questões de gênero e raça. Como vocês vêm acompanhando, o panorama trabalhista é muito mais hostil para pessoas pretas ou pardas. Ora, se pessoas pretas ou pardas estão menos ocupadas e menos escolarizadas, a consequência é a admissão em atividades informações ou de salários mais baixos. Mais uma vez, o rico, cada vez mais rico e escolarizado. O pobre cada vez mais pobre e menos escolarizado.

Quando algum responsável fica em casa ou atua em tempo parcial, a mulher preta ou parda é quem o faz em maior frequência em relação às brancas (37,7% e 13,5%). E é claro que as mulheres mais do que os homens (♀ 29,6% e ♂ 15,6%). Esses dados ainda são tímidos, mas representam avanços na ocupação das mulheres se compararmos com 50 anos atrás, por exemplo. A década de 1970 foi marcada por movimentos sociais. Silenciados durante a ditadura, com a nova constituinte, vieram com muita força e avançando desde então.

Infelizmente, passamos por um período, nos últimos anos, de grande perda da representatividade feminina nas instâncias decisórias. Acompanhamos um conservadorismo quase ditatorial que arroxou ou vetou conquistas e garantias femininas. O ano de 2022 fechou seu primeiro semestre com situações, discussões e movimentações públicas grotescas e ultrajantes à figura da mulher. Essas situações evidenciam

> Em julho de 2022, um procurador defendeu que as mulheres devem sofrer penalidades quando não cumprem com suas obrigações conjugais. Dentre as penalidades estão a dissolução da união e a perda de todos os benefícios patrimoniais. Disponível em: https://g1.globo.com/globonews/jornal-das-dez/video/procurador-defende-debito-conjugal-associa-feminismo-a-transtorno-mental-e-e-alvo-de-representacoes-10773731.ghtml. Acesso em: 19 jun. 2022.

o levante contrário às liberdades e aos direitos adquiridos a duras penas ao longo de intensos anos.

Para o IPEA (2021, p. 2), houve retrocessos, ou ao menos uma pausa, nas políticas de gênero ou direcionadas às mulheres durante o ano de 2019. Com a chegada da pandemia, a situação ficou ainda pior. As mulheres se viram na necessidade de retorno ao lar em virtude da suspensão das aulas presenciais. E aqui se confirma a lógica do trabalho que comentei em parágrafos anteriores: se alguém precisa ficar em casa, que seja a mulher.

Cultura, pandemia, governo conservador, universo corporativo limitante, patriarcado: todos esses aspectos prejudicam o trabalho das mães, especialmente das mães pretas ou pardas.

O fato é que queremos, podemos e precisamos trabalhar. Nos deixem trabalhar! E todos nós temos condições de mudar essa realidade. Podemos agir em nossa prática dentro das equipes de trabalho, com nossos liderados, como nosso poder de decisão, nosso voto que garanta a representatividade das mulheres, pessoas pretas ou pardas e outras minorias nas casas legislativas, na recusa de atitudes discriminatórias em nossa atuação profissional, priorizando a contratação de serviços ou compra de produtos de mães empreendedoras, no estabelecimento de políticas de gestão de pessoas que valorizem o talento feminino e no apoio à elaboração de políticas públicas que beneficiem esses grupos minoritários.

Nenhum paradigma é substituído sem a participação ativa da população. Costumo dizer que precisamos de mais homens apoiadores das causas das mulheres. Mais pessoas brancas apoiadoras das causas étnico/raciais. O apoio de que falo é ativo. Não é apoiar para si mesmo, como um sentimento de concordância com o que é pleiteado. É agir junto aos grupos dos quais faz parte, interrompendo comentários machistas ou preconceituosos, interferindo em ações agressões verbais ou físicas, apresentando os prejuízos às pessoas com as quais convive, realizar as atividades domésticas, participar do cuidado das crianças etc. As possibilidades de contribuição são muitas e não conseguirei esgotá-las aqui. O principal mesmo é agir.

"MULHER MARAVILHA": A HEROÍNA SEM SUPERPODERES

Vimos no capítulo anterior que é difícil entrar ou manter-se no mercado de trabalho sendo mulher. Quando atuantes profissionalmente, a chegada do filho (com a exigência de cuidados exclusivos) toma grande parte do tempo, disposição e saúde das mães, agora atuando menos ou quase nada nos papéis de mulher e trabalhadora. Lembro vocês que neste estudo estamos considerando as trabalhadoras remuneradas formais. Temos as empreendedoras individuais ou autônomas que, muitas vezes, não conseguem sequer pausar as atividades profissionais, uma vez que a ausência de trabalho implica ausência de renda.

Isso quer dizer que a contratação sob os regimes da CLT confere um maior "conforto" financeiro para as trabalhadoras mães, uma vez que podem gozar de, pelo menos, 120 dias de licença maternidade. Às mães que se encontram em condições diferentes da CLT (à exceção das servidoras públicas que são contratadas sob o regime da Lei n.º

8.112) precisam se organizar para contribuir ao INSS de modo que possam também gozar do auxílio maternidade. A contribuição se faz importante não somente para os casos maternos, mas para um eventual adoecimento que implique em períodos maiores que uma semana de repouso e interrupção do trabalho.

Conforme o site do Governo Federal (www.gov.br), o salário maternidade é concedido somente após carência de dez meses de contribuição para as mulheres que trabalham por conta própria. O auxílio-doença tem regras um pouco mais complexas, mas, de qualquer forma, é preciso estar contribuindo para o INSS, seja via empregador seja individualmente.

Bom, no que se refere ao período na companhia dos bebês durante a licença, as mães da pesquisa evidenciaram uma experiência de exclusividade materna intensa, exaustiva e limitante para vivência de outras realidades como o novo emprego, os novos colegas de trabalho, a conjugalidade e as amizades.

Destaquei trechos dos relatos de Íngrid e Joana que demonstram bem a intensidade e consequências da devoção aos cuidados maternos. E como é interessante identificar as necessidades diferentes de cada uma. Assim como as mães que me leem também podem ter experimentado necessidades distintas enquanto mães exclusivas. Íngrid sentiu falta de conversar com adultos.

"Mas pra mim, quando eu voltei a trabalhar, foi um alívio. Eu me sentia aliviada. Eu tive descanso. Porque eu trabalhava. Então eu conseguia respirar. Eu continuava sem dormir. De noite eu continuava sem dormir. Mas durante o dia eu descansava. Trabalhando, mas descansava".

"Eu fiquei sem ter comunicação com ninguém. Porque eu 'tava' com um bebê que não falava. O dia inteiro. O dia inteiro. Então, isso foi muito ruim pra mim. Então, às vezes, o (marido) chegava do trabalho e eu conversava, conversava, conversava".

Particularmente, me identifico com a demanda de Íngrid. Permanecia muito tempo em silêncio na companhia dos meus pequenos. Ainda que fosse orientada a conversar com eles e soubesse da importância disso para o desenvolvimento deles, não tinha muito essa habilidade. Me considerava meio patética fazendo isso (não que assim seja, mas era como me sentia). O caçula foi o mais diferenciado. Amenizados os traumas do parto (violento e com sequelas para nós dois), eu conseguia e consigo até hoje conversar com ele. E não me sinto patética mais. O tenho como uma companhia. Curioso, não? A Psicologia, pelo menos a vertente com a qual trabalho, dirá que não tem nada de curioso. É "apenas" a ressignificação de uma situação.

A solidão e o desconhecido reinavam com meu primeiro filho. As primeiras experiências, novidades e desafios se impunham. A lida com essas questões superava a real percepção de que uma ou outra atitude minha poderiam ser estimuladoras para o bebê e prazerosas para mim. Na filha do meio, ainda que ficasse em silêncio, eu gostava mais de estar com ela. Poderia passar dias e dias com ela agarradinha comigo. É claro que ela era um bebê surrealmente calmo, dormia muitíssimo bem e mamava pouco. A saúde mental dessa escritora e mãe estava bem preservada. Com o caçula, o início (período da internação na UTI neonatal) demandou muitas conversas em pensamento, as quais foram materializadas em um cuidado intenso com muito toque, cantoria e colo ainda no hospital.

O que quero destacar com esse autorrelato é que uma mesma mãe, a escritora que vos escreve, foi mãe de formas diferentes para seus diferentes filhos. Se assim é com uma única mulher, é claro que as diversas e singulares mulheres viverão de formas distintas as suas maternidades. À despeito disso, por vivermos todas atravessadas por uma sociedade e cultura machistas, somos demandadas de modo semelhante. E eu disse semelhante e não igual.

É nesse sentido que, durante praticamente todo o período da licença maternidade, não só eu e Joana, mas as mulheres deste estudo, e ouso dizer que deste Brasil, voltaram-se à rotina com o bebê (ama-

"Ficava em casa e nem escovava o dente, nem o pijama eu tirava, o dia todo".

mentar, dar banho, passear, colocar para dormir, trocar fraldas, preparar e oferecer a papinha, brincar etc.) e às atividades domésticas (ou tentaram já que o bebê tomava a maior parte do tempo). Por isso que, agora sim, para Joana, trabalhar era um descanso de todas essas atividades. Olha que ambivalente esse discurso "trabalhando, mas descansava". O trabalho para Joana era um descanso da maternidade e da atividade doméstica. Você também sentiu isso? Eu sim. Mas chega de falar de mim.

Evidencia-se o pesar do afastamento das atividades sociais, profissionais e conjugais. De modo que o retorno ao trabalho foi experimentado como um alívio por estarem retornando, também, à vida social e ao exercício de outras funções para além da maternidade.

"Ele me sugava, né? E foi bom também porque eu chegava morrendo de saudade dele. Ele chegava morrendo de saudade de mim. Sabe? Então, assim. Era legal. Foi muito bom pra mim, pra ele e acho que até pro (marido)".

"Acho que eu me afundava tanto ali, nem no trabalho, mas em me relacionar, em voltar à vida normal. De adulta, sei lá. De mulher. De me sentir importante".

Apesar da jornada de trabalho de 40 ou 36 horas semanais, o exercício das atividades profissionais foi entendido como um descanso da função materna. O retorno ao trabalho foi uma via de existência mais completa, ampla e satisfatória. Ser exclusivamente mãe não foi uma experiência agradável para elas.

A vivência exclusiva da maternidade *"sugou"* uma existência versátil e com diferentes possibilidades. É Joana quem usa esse termo, ressaltando que o trabalho contribuiu, também, para uma melhor relação com o filho e com o esposo.

Contradiz-se, claramente, o que era instituído como verdade para as mulheres mães durante o final do século XVIII e início do século XIX, quando determinava-se que:

> [...] características da essência feminina, atributos como: fragilidade, doçura, afetividade, passividade e capacidade de sacrifício. Características consideradas fundamentais para o cuidado com a infância. Associa-se a maternidade e a feminilidade a uma ética do cuidado com o outro (NUNES, 2011, p. 106).

Maternar é, efetivamente, um exercício de cuidado. No entanto, não maternar parece anular esse cuidado. Maternar implicava, necessariamente, ser somente cuidadora, educadora, afetuosa e benevolente em relação aos filhos. Comportamentos que extrapolassem esse ideal era(?) repreendido (NUNES, 2011).

Ao conhecer a experiência das cinco mulheres, percebemos o quão falaciosa é essa associação de características. O pai pode ser extremamente cuidadoso e afetuoso com seus filhos. Entretanto, as atividades de cuidado com o bebê continuam sendo delegadas como funções afetas às mulheres, as quais se viram aprisionadas na execução exclusiva e privada dessas funções. Afinal: é a mãe que sabe!

Alessandra Arrais, psicóloga e minha professora durante a graduação e atualmente nos diversos eventos em que a sigo e prestígio, evidencia a desqualificação do pai como cuidador nas jocosas situações em que são colocados em eventos como cursos de gestantes, chás de bebê ou outros semelhantes. Nesses eventos, é comum colocarem pai e mãe para disputarem quem troca a fralda mais rápido, quem é mais habilidoso no banho, quem consegue segurar com mais facilidade todos os itens do bebê etc. O pai é sempre ridicularizado e/ou desqualificado em suas habilidades e a mãe enaltecida em sua destreza como se essas habilidades tivessem nascido com ela.

Essas competições de habilidades parentais em nada contribuem para a conexão de pai e mãe (quando vivem juntos a gestação/ parentalidade) entre si e com o bebê que se espera. Ainda, reforçam os

> Talvez você mesma(o) tenha tido percepções distorcidas dessas mulheres. Entendendo-as como mães irresponsáveis ou ruins.
>
> Se esse foi o seu caso, lhe convido a fazer o movimento empático que combinamos no início do livro.
>
> E aproveite o relato da Íngrid Betancourt logo abaixo para compreender a realidade dela e de muitas mulheres.

paradigmas do século XVIII que comentei acima. Não há mais espaço e pertinência para essa rivalidade!

É por meio da manutenção desses paradigmas que as mães que tentam fugir do padrão maternal instituído, sendo mulheres trabalhadoras e não somente mães, por exemplo, acabam consideradas como desajustadas e equivocadas em relação ao seu papel no mundo (PINSKY, 2013), realidade contemplada no desabafo de Frida.

> "eu acho que esta questão cultural [...] enquanto alguém não questionar, perguntar, perturbar, as coisas vão tocando desse jeito. Por isso que a gente fica, entendeu, sendo taxada de histérica, de louca, de não sei o quê, porque a gente tá exigindo o bom senso".

O bom senso de que Frida comenta é a validação das diversas formas de ser das mulheres, de modo que possam ser de maneira menos oprimida ou estigmatizada.

Sobre esse aspecto,

Íngrid comenta:

> "Eu quero ser humana. Eu quero ser mãe. Quero ser humana, quero ser mulher. Quero ser louca.
>
> Eu quero ser bruta. Eu quero ser esposa. Eu quero ser 'periguete', sabe? Eu sofro dia a dia. É uma luta eu me fazer ser eu.".

Eu simplesmente adoro essa fala de Íngrid. É intensa, é forte, é real!

É também o desabafo de uma mulher que está cansada de lutar para conseguir seu direito de ser como deseja ser, de alguém que consegue existir no mundo somente sob muitas discussões, desentendimentos, gritos e militâncias, "é uma luta eu me fazer ser eu". Isso porque em uma realidade patriarca, até sendo mau-caráter, violento e, pasmem, assassino, o homem é enaltecido.

> Não acreditam? É só lembrarmos de situações bem noticiadas sobre o Golpista do Tinder, Goleiro Bruno, os jogadores de futebol acusados de assédio/abuso sexual (Robinho, Neymar e Daniel Alves). Alguns foram condenados ou sofreram algumas consequências legais. No entanto, mantiveram o prestígio dentro da área profissional (como os jogadores de futebol) e o golpista do Tinder continuou a encantar mulheres mesmo após a repercussão de suas práticas. A tolerância social às práticas violentas e criminosas protagonizadas por homens é assustadora. Isso quando não são justificadas como sendo estimuladas por condutas das mulheres. Em 2014, a pesquisa do IPEA evidenciou que 58,5% dos entrevistados consideravam que haveria menos estupros se as mulheres soubessem se comportar! Isso significa que a responsabilidade é nossa! É, mais uma vez, ultrajante!

Ouso dizer que não sou a única a me identificar com a expressão honesta e profunda de Íngrid. Não basta somente ser uma pessoa e existir nesse mundo. Ou melhor dizendo, não basta ser mulher. É preciso lutar para ser mulher e trabalhar, ocupar espaços públicos, crescer profissionalmente, ter momentos de lazer, ter divisão equilibrada de atividades domésticas, usar um tipo de roupa, cabelo, forma de falar, andar, beber... Ufa! Se for mulher trans ou lésbica, há muitos que nem lhes concedem o direito de existir! É muita luta para ser si mesma e gozar do benefício da vida!

E essa luta é paradoxal. Por um lado, há a alegria de ser como é. De fazer tudo o que listei acima de um jeito particular e próprio. Por outro, a alegria só é possível com muito questionamento, perturbação ou luta. Considerando a perspectiva do trabalho (mas podemos transcendê-la aos exemplos que dei), "não há saída para a mulher contemporânea: culpada por trabalhar; culpada por não o fazer" (SILVA; MEDEIROS, p. 78). Eu trocaria o termo "culpada" da citação apresentada por "criticada" para representar melhor as mulheres do estudo e outras que também não se sentem culpadas. A culpa implica uma discordância em relação ao que está sendo feito. E não foi isso que as participantes evidenciaram e muitas pesquisas que já apresentei.

Vivemos em uma sociedade também paradoxal, em que fatos e conquistas pelos direitos das mulheres caminham lado a lado com estereótipos reducionistas que insistem em habitar nosso cotidiano de maneira sutil ou escancarada. Onde o direito de trabalhar caminha de mãos dadas com a supervalorização das mulheres mães e das limitações (in)visíveis para o exercício do trabalho. Onde o direito de ir e vir é frequentemente interpelado por determinações para o caminho que essas mulheres devem seguir.

Nessa perspectiva, é permanente e atual a manutenção da luta pelos direitos das mulheres para desconstruir a cultura de submissão, domesticação e objetificação, oferecendo-lhes outras e novas possibilidades reais de ser, pensar, decidir e existir (SWAIN, 2007). A luta por igualdade, respeito, acesso, liberdade ainda se faz necessária para oferecer a mais mulheres caminhos jamais imaginados ou permitidos, emancipando-as diante de sua existência e no enfrentamento de uma cultura que as identificam de modo não coerente com suas habilidades, possibilidades e desejos.

A experiência da maternidade aliada ao trabalho é percebida como um processo natural para essas mulheres. É, para elas, um processo óbvio e que deveria ser mais naturalmente aceito pela sociedade. Elas não relatam conflitos pessoais pelo exercício paralelo das duas funções. Na verdade, elas entendem como saudável e necessária a conciliação das diferentes atividades. Os sentimentos negativos e pesarosos aparecem quando elas se deparam com as demandas sociais que exigem uma postura das mulheres diferente das que estão exercendo.

"É mais uma função, assim, o amor pelo filho é uma coisa surreal. Isso sim. Mas a maternidade, a função que a gente tem que fazer no dia a dia é só mais uma coisa, uma coisa a mais".

Ao relatarem suas vivências umas para as outras quanto a esses aspectos, Joana suspira *"que bom que não sou só eu"*. E as demais completam *"Não mesmo. Eu acho que a maioria deve ser um pouco assim.",* Íngrid Betancourt. *"Eu também não sou aquela complexada. Eu conheço mãe que é muito complexada. Sentem culpa de ter que deixar o menino pra trabalhar, sabe?",* Maria.

Quando as mulheres do estudo se percebem caminhando contra os ideais sociais determinados para as mulheres, experimentam sentimentos contraditórios. Ou seja, sentem-se bem por serem o que gostam de ser ou fazerem o que gostam de fazer. Entretanto, temem estar fazendo algo errado, correndo o risco de prejudicar o pleno desenvolvimento de seus filhos. "Culpada por trabalhar; culpada por não o fazer" (JONATHAN; SILVA, 2007) mais uma vez.

> "Às vezes eu me sinto reflexiva sobre se eu devo continuar ou não acumulando essas funções. Já me peguei me questionando sobre o concurso que eu passei, já me questionei várias vezes, especialmente, sobre (outro trabalho), sobre continuar na (atividade voluntária)".

As atividades que Frida Kahlo listou são experimentadas com muita satisfação e prazer, mas tem se questionado sobre o impacto delas na relação com a filha. Se mulheres emancipadas das determinações sociais se sentem assim, quiçá aquelas que não tiveram a oportunidade de refletir sobre seus caminhos e possibilidades!

Essa dicotomia foi tratada por mulheres de outro estudo que abandonaram a carreira profissional para dedicarem-se exclusivamente aos filhos (ROCHA-COUTINHO, 2010). A autora do estudo destaca que:

> [...] embora essas expectativas sejam conflitantes, elas nem sempre são percebidas como tal e/ou sentidas de forma forte pelas mulheres. A maioria delas aprende desde criança a compartimentar, a manter separadas a esfera da realização profissional e a esfera doméstica [...] A própria estrutura da sociedade moderna faz com que essa distinção acabe por parecer 'natural'. As meninas são encorajadas a ter sucesso na escola

e a se preparar para um bom trabalho futuro, mas também se espera delas que, mais tarde, se tornem mães. (ROCHA-COUTINHO, 2010, p. 227).

Desse modo, em algum momento, as mulheres se veem divididas entre o exercício de outras atividades sociais e a dedicação aos filhos. Por um lado, há a sensação de que estão negligenciando a maternidade. Por outro lado, se sentem muito bem com o exercício profissional, uma vez que ele lhes confere valorização e reconhecimento.

"Essa valorização foi muito boa pra mim. Então foi fácil. Apesar de eu ter o apego ao meu filho, a volta dessa licença maternidade foi fácil".

"Mas eu me sinto bem em trabalhar. Eu me sinto uma mulher importante, de alguma forma, que faz a diferença".

O trabalho doméstico e a maternidade, apesar de serem considerados naturalmente relacionados às mulheres, não são reconhecidos ou valorizados. É como se elas "não estivessem fazendo mais do que a obrigação" delas como mulheres, uma vez que essas atividades são consideradas como "trabalho de mulher" (ROCHA-COUTINHO, 2003). Se é obrigação, não há necessidade de reconhecimento. A maternidade impera no espaço privado, acompanhada das atividades domésticas. E o mundo privado funciona como uma espécie de submundo invisível.

Por meio da análise das charges publicadas por periódicos feministas portugueses, na segunda metade do século XX, ficou evidenciada a invisibilidade do trabalho doméstico (CYRYNO, 2009). As transformações sociais promovidas desde então (século XX) "não se traduziram em alterações significativas da organização familiar" (POESCHL, 2000, p. 695).

Nesse sentido, por mais que se percebam como boas mães, sintam-se importantes para seus filhos e gostem do exercício da maternidade, a exclusividade dessa função não se traduz em reconhecimento. Ser somente mãe é existir somente para o filho e deixar de existir socialmente. Deve-se destacar, assim, "a necessidade de modificar o pensamento em relação ao trabalho feminino, de questionar o tabu do fardo que o trabalho fora do lar representa para as mulheres" (JONATHAN; SILVA, 2007, p. 78). As diversas funções das mulheres contribuem de modo muito positivo para seu bem-estar (POSSATI; DIAS, 2002), sendo assim "transitar simultaneamente nos espaços públicos e privados pode se constituir como um fator enriquecedor e não de estresse e culpa" (JONATHAN; SILVA, 2007, p. 78).

Desse modo, as mães trabalhadoras deste estudo continuam na luta pelo exercício de suas diferentes formas de ser no mundo. Para isso, contam, frequentemente, com o apoio de outras mulheres (mães ou não) para o cuidado de seus filhos enquanto executam outras atividades.

"Aí eu vou, deixo ela na minha mãe. Quem me ajuda com a (filha) é minha mãe. [...] Meu pai ajuda também. Mas não é assim, uma ajuda essencial. É uma ajuda esporádica de mais de dengo de avô. A gente tem a diarista que vem pra limpar e passar...que é uma mão na roda... Isso alivia bastante".

Todas as mulheres que participaram deste estudo possuíam diarista ou empregada doméstica e seus filhos ficavam com as avós, a babá ou na creche (onde as cuidadoras também são mulheres) durante a jornada de trabalho delas e dos esposos. Quando precisavam realizar outras atividades, que não só o trabalho, como compras no mercado, salão de beleza ou lazer com marido ou amigas, elas contavam com o apoio das avós (materna ou paterna).

Essas outras mulheres são fundamentais para o exercício da vida pública das mães e melhor aproveitamento da vida privada (BRUSCHINI; RICOLDI, 2009; POSSATTI; DIAS, 2002), o que também se mostra real com trabalhadoras de baixa renda. No caso dessas últimas, as creches e as escolas aparecem mais fortemente como apoio, em relação às avós, diaristas ou domésticas.

Nesse sentido, a discussão anterior quanto à implantação de creches públicas é novamente suscitada, aliada à necessidade de consolidação do ensino integral nas escolas da rede pública de ensino (BRUSCHINI; RICOLDI, 2009; POSSATTI; DIAS, 2002). E é claro que a implantação de creches nas grandes empresas poderia trazer muitos benefícios para mãe, criança e empresa.

A revisão da literatura sobre apoio social e maternidade (RAPOPORT; PICCININI, 2006), embora não tendo sido realizado no Brasil, indicou que o apoio social traz benefícios para a experiência da gestação e maternidade das mulheres, bem como para a relação delas com seus filhos e esposos. Outro fator relacionado é que o apoio social "torna os papéis de mãe e pai mais fáceis, tornando-os provavelmente mais afetivos do que se estivessem cuidando dos filhos sozinhos" (RAPOPORT; PICCININI, 2006, p. 90). Percebam o impacto do apoio social para o bem-estar de toda uma rede familiar!

Nesse entendimento, cai por terra aquele velho e inquietante ditado "quem pariu Mateus que o embale". Nem preciso dizer que o pai não entra nesse dito popular. A mãe é quem tem que se haver, sozinha, com os cuidados do filho. Considerando a participação mais ativa de pais nos últimos tempos, podemos acrescentar o pai nesse processo de cuidado solitário também. Não faz o menor sentido deixar à míngua as pessoas que são as primeiras cuidadoras de um bebê ou criança. É adoecedor para todos.

O documentário *O começo da vida*, do qual falei anteriormente, evidencia que para uma sociedade ter crianças sadias e cidadãs comprometidas, é preciso cuidar dos pais, especialmente as mães. Quem cuida da criança precisa de apoio para manter-se bem de saúde mental e física e, assim, conseguir investir adequada e efetivamente no desenvolvimento do bebê ou criança. E a campanha "Maio Furta-cor" vai ao encontro desse apoio e cuidado com as mães, de modo específico.

Os trabalhos que revisei demonstraram que as mulheres nem sempre solicitam essa ajuda ou a aceitam quando lhes é ofertada.

"Por exemplo, pra poder estar aqui hoje, ele (o marido) não me cobra. Mas eu sinto culpada. Como se ele estivesse fazendo um favor pra mim, de 'tá' olhando o filho. E não é. Se eu for fazer uma unha, ele não cobra. Eu que sinto mesmo. Já não sinto com minha mãe. [...] Não sei se por ser mãe e achar que mãe é que tem... Ou então é a criação porque lá em casa tudo sempre foi minha mãe. Meu pai nunca abriu mão de nada. Ontem mesmo, eu deixei ele lá pra trabalhar e o (marido) que ia buscar. E minha mãe falou 'nossa, seu pai nunca fez isso'".

Ana refere-se a essa dificuldade de compartilhamento e divisão das atividades maternas, especialmente com o esposo

A dificuldade de Ana está relacionada ao fato de que "mãe é mãe" (na perspectiva estereotipada que já comentamos aqui), sendo um comportamento passado de geração em geração. No entanto, podemos perceber na fala de Ana que o marido pode e cuida do filho, o que já não acontecia quando sua mãe estava neste mesmo momento de demanda por apoio ao viver a sua própria experiência de maternidade.

Destaco novamente o perfil @homempaterno na rede social Instagram. Tiago Kock apresenta a paternidade de modo implicado, efetivo, amoroso, presente e muito, muito delicado.

Essa concepção de que "mãe é mãe" traz consigo a ideia de que só a mãe consegue e sabe cuidar bem de seu filho. Ideia que estou refutando desde o início deste livro por ser extremamente prejudicial para as mães, seus filhos e demais envolvidos.

Certa vez, fui convidada para participar de um encontro de mulheres que se reuniam para discutir aspectos cristãos para as mulheres enquanto suas filhas (só as meninas) participavam de atividades voltadas para o lar: cozinhar, bordar, costurar, postura à mesa etc. Os meninos participavam de outro grupo, formado pelos pais, em que praticavam esportes e aprendiam atividades de manutenção residencial. Já estão compreendendo o "x" da questão, né?

Pois bem, tendo sido convidada e muito bem acolhida pelas mulheres presentes, tratei de ficar caladinha e ouvir o que estava sendo discutido. O tema daquele dia era "virtudes". Tema interessante e necessário nesses dias de comportamentos tão desvirtuados. A conversa fluía bem e, não sei a partir do que, escuto uma mãe dizer que a mulher é quem sabe onde estão as coisas da casa, quem sabe organizar, quem sabe manter a calma da casa, ouvir as crianças, mediar a relação do pai com os filhos, educar e dialogar com as crianças e por aí vai. Continuei ouvindo e já me coçando.

Depois de quase meia hora dizendo em síntese que "é a mulher/mãe que sabe", uma mulher desabafa que fica pesado às vezes. Outra complementa que é realmente muita responsabilidade, que não tem liberdade, que são constantemente acionadas para resolver questões simples, que se sobrecarregam emocionalmente. Aí não deu para ficar em silêncio tendo a faca e o queijo na mão e não cortar. Cortei.

De modo cauteloso e respeitoso, pelo menos foi como tentei e me esforcei para não desqualificar a experiência daquelas mulheres, evidenciei a contradição que estavam expondo. É claro que haverá sobrecarga e excesso de responsabilização diante da máxima de que é a mulher que sabe. O efeito foi muito positivo, ainda bem!

Será que consegui me fazer entender com essa situação?

Infelizmente, ser detentora de todo o saber sobre a casa e os filhos é um tanto envaidecedor para muitas mulheres. Querendo ou não, é um exercício de poder. É no lar que mandam, já que não têm voz na vida pública. Entretanto, seguir esse raciocínio é o mesmo que se empanturrar de comida no dia anterior ao início da dieta.

Expus tudo isso para ponderar que o esposo pode e deve ser compreendido como alguém que possui responsabilidades nos cuidados com os filhos e o lar, mesmo que eles demandem uma intervenção mais clara quanto às atividades. Da mesma forma que um dia as mulheres aprenderam a fazer bem qualquer coisa relacionada ao lar ou aos filhos, os homens são capazes de aprender. E não me venham com questões de que "o cérebro do homem foi feito pra isso e o da mulher pra aquilo" que não cola por aqui.

Nosso cérebro é inteligentíssimo, evoluído e plástico para organizar-se de modo diferente diante de diferentes necessidades. Além disso, somos seres sociais, assim como as formigas, as abelhas, os elefantes. Vivemos em comunidade, não conseguimos viver isolados. Então, a prática social vigente no grupo do qual fazemos parte é que irá contribuir para o desenvolvimento de um repertório ou outro.

Existem comunidades africanas, indígenas e asiáticas em que as mulheres que são responsáveis pelo trabalho e proteção da comunidade, herança ou transmissão de cargos ou reconhecimento social. São as sociedades matriarcais. Em muitas delas, o matriarcado não implica em homens subjugados e oprimidos. As mulheres recebem funções importantes analisando-se por um olhar ocidental, patriarcal e capitalista. Essas sociedades quebram com estereótipos e práticas que há muito perpetuamos.

É essa sociedade patriarcal que cria uma condição tão particular a ponto de as participantes da pesquisa se considerarem privilegiadas por serem casadas com homens que são pais zelosos e participativos. Em cultura em que homem é rei, aquele que se faz plebe é enaltecido. Além disso, as participantes entendem que um marido "plebeu" não é a realidade de grande parte das mulheres brasileiras, como destaca Íngrid Betancourt: *e olha que nós estamos em uma posição privilegiada em relação à maioria das mulheres em nossa sociedade".*

Quando ainda estava na faculdade (meus alunos já escutaram essa história várias vezes), fiz um trabalho de Psicologia Familiar em que precisávamos entrevistar as companheiras de homens apenados no presídio do Distrito Federal. Ao abordar uma dessas mulheres, fiz alguma pergunta relacionada ao que era bom ou as qualidades do companheiro (não me recordo muito bem da pergunta porque a resposta me paralisou). A entrevistada, convicta, respondeu "ah, ele é muito bom. Ele nem me bate".

Meu cérebro deu pane e não me recordo de mais nada desse dia. Que lugar é esse que essa mulher vive que o homem bom é aquele que não bate? Quais as características dos homens de sua comunidade que fazem com que o que não bate seja encantador? É nosso Brasil, minhas caras! País em que até julho de 2022, o Disque 180 havia recebido mais de 30 mil denúncias de violência contra a mulher, conforme dados disponibilizados no site do Governo Federal[9].

É por dados como este que, quando nos referimos aos pais como zelosos e participativos, parece haver um elogio à sua postura e conduta. No entanto, quando nos referimos a uma mãe, essas características são consideradas naturais e obrigatórias, não havendo necessidade de exaltá-las ou destacá-las.

A divisão democrática das responsabilidades com a família, implicando a não obrigatoriedade das mulheres e a ausência de imunidade para os homens, resulta na produção de novos valores sociais e pode contribuir para a formação de cidadãos mais críticos. Teríamos, assim, uma mudança mais consistente nos padrões esperados para homens e mulheres que seriam, então, relacionados à igualdade de responsabilidades e direitos. Estaríamos, dessa forma, mais próximos da construção do "homem-pai" (GOMES; RESENDE, 2004, p. 125).

Diante do exposto, Maria considera que a melhor definição para as mulheres que exercem todas essas atividades e que são múltiplas em sua existência seria a de *"mulher maravilha"*.

> "Eu não vejo outro slogan que não 'mulher maravilha'. Pra mim eu acho que nós somos mulher maravilha. Não porque 'ah, eu sou mesmo fodona. Eu consigo'. Não gente. Mas olha a nossa realidade!".

---

[9] Fonte: https://www.gov.br/mdh/pt-br/assuntos/noticias/2022/eleicoes-2022-periodo-eleitoral/brasil-tem-mais-de-31-mil-denuncias-violencia-contra-as-mulheres-no-contexto-de-violencia-domestica-ou-familiar. Acesso em: 21 maio 2023.

Infelizmente, a "Mulher Maravilha" dos quadrinhos e filmes é uma personagem pública e que possui seu valor social. Entra em sua espaçonave que se torna invisível aos seus inimigos quando lhe é conveniente e para sua própria proteção. As mulheres reais têm em seus lares locais que as tornam invisíveis, mas não como fonte de proteção.

A maravilha na vida da personagem é salvar o mundo (mesmo que esteja vestida em um maiô sem alças e mantenha-se sensual e atraente enquanto luta). Na vida das mulheres reais, a maravilha é conseguirem, sob muito sacrifício, ser o que desejam ser ou ir aonde desejam ir. O inimigo das mulheres maravilhosas e reais é o patriarcado e a luta é por cada uma se "fazer ser eu" (Íngrid).

> Mulher Maravilha é uma personagem das histórias em quadrinhos americanas, criada por William Moulton Marston no período da Segunda Guerra Mundial. É fortemente associada ao feminismo como uma maneira de superar os estereótipos da época, trazendo uma ideia de mulher forte, guerreira e que luta pelo combate ao crime (CAIXETA, 2012). No entanto, ainda preserva algumas expectativas para a postura das mulheres que deveriam comandar o mundo com força, mas mantendo "seu amor, carinho e feminilidade" (CAIXETA, 2012, n. p.).

ESTADO CIVIL: CANSADA

Ao longo de todos os encontros, a temática que mais esteve presente nas discussões foi a conjugalidade. Embora os encontros tivessem temas orientadores, como

> Esta imagem é de autoria da artista La Ché. La Ché é vinhetista, humorista política, ilustradora e autora colombiana. Seu perfil no Instagram é @lachetaller e conta com 65,8 mil seguidores.

"A gestação trabalhadora", "O retorno ao trabalho após a maternidade" e "Ser mulher mãe e trabalhadora", em todos eles, o distanciamento na interação com o esposo e as dificuldades com a execução das tarefas domésticas (lavar e passar roupas, limpar e organizar a casa, lavar louças, organizar as mochilas das crianças, fazer compras de supermercado etc.) apareceram de modo marcante. Inclusive vocês já identificaram essas dificuldades nos capítulos anteriores.

"A questão da divisão das tarefas em casa, se eu não falar, ele monta, assim. E, naturalmente, se eu deixar como está, eu vou me ver daqui um mês fazendo mais, não digo tudo... Mas é pra onde a maré vai... A maré vai. Por isso todos os dias eu tenho que dar uma caminhadinha contra a maré, tal. Todo dia. Em tudo, nas coisas com o filho, nas coisas de casa, no nosso relacio... (pausa), na nossa vida financeira."

Após o segundo encontro, Íngrid Betancourt enviou-me a imagem que abre este capítulo, a qual sintetizava as experiências delas diante da maternidade trabalhadora, tendo sido validada pelas demais.

A imagem, de acordo com as mulheres do estudo, está fortemente relacionada à divisão das tarefas domésticas e ao esforço que empreendem/empreenderam para que sejam/fossem desempenhadas de modo igualitário entre elas e os esposos. Esse cansaço surge antes mesmo do aparecimento dos filhos e é agravado com a chegada deles.

Íngrid Betancourt foi a única que descreveu não viver essa realidade de sobrecarga de trabalho, uma vez que age, fortemente, para que isso não aconteça. No entanto, isso não implica em uma experiência menos desgastante ou conflituosa, como ela mesma relata.

"Não é a minha realidade. Mas não é por isso que eu deveria me sentir satisfeita. Eu não me sinto. Eu não vou lavar louça mais do que ele, eu não vou não sei o que mais do que ele. Mas não é só isso que eu quero. Entendeu? Isso não é algo que é pacificado lá em casa. Ele me cobra. [...] Não é assim, ah, ele é um cara bom, bacana, compreensível. Mas porque eu imponho a minha vontade, o que eu acho que é certo. O que é motivo de muita briga."

Por mais que tenham descrito seus companheiros como homens participativos e com uma postura dialogada, ainda se fazia necessário um movimento intenso e constante delas no sentido de manter uma divisão mais equilibrada das tarefas domésticas e dos cuidados com os filhos.

O relato das esposas evidencia a "supremacia" das mulheres no contexto doméstico, logo, privado, o que con-

"E a gente brinca de casinha sem filho e aí depois que os filhos vêm, você vê que virou adulta, entendeu? (risos) E que agora você tem que cozinhar porque senão a criança não come, você tem que lavar, você tem que passar, você tem que fazer isso. E você faz 70% de todas as coisas que têm pra fazer em casa e o seu marido, por 'mais bom' que ele seja, excelente, ele não faz metade da metade da metade do que você faz".

 "Mas eu digo no sentido de, por exemplo, eu chego todos os dias em casa cansada. E eu chego em casa, eu sou uma metralhadora. Eu nem tiro a roupa: arrumo todas as malas dos meninos, arrumo tudo o que tiver, não consigo sentar. Mas na hora que eu sento, que eu vou botar eles pra dormir, eu capoto".

 "Mas isso vem bem de antes, assim, do início do casamento a gente só brigava por isso. Divisão das tarefas domésticas, assim. Então eu me sentia, obviamente, sobrecarregada. E eu era muito resistente a empregada. Muito resistente. Minha argumentação era de que duas pessoas tinham que dar conta de duas pessoas. Mas não 'tava' rolando. Eu senti que 'tava' mesmo insustentável. Não tanto pra gerenciar a casa, mas porque havia uma resistência dele em dividir as tarefas. Uma resistência no sentido de 'eu faço, mas eu não queria que fosse uma obrigação para fazer todos os dias a mesma coisa'. A única solução que ele via era essa, então eu acabei cedendo porque 'tava' ficando meio cansativo você ficar batendo na mesma tecla. E acabei me acostumando facilmente com isso também. Aí é assim, ela (diarista) faz as coisas de casa e a gente tenta manter".

tribui para que tomem para si a responsabilidade nos cuidados com a casa, com exceção de Íngrid Betancourt.

    Curiosa foi a resposta de Joana à realidade diferente de Íngrid. Parece que Íngrid deixa o esposo sofrer as consequências de sua própria passividade doméstica. Joana e muitas mulheres que passaram pelo meu consultório não "conseguem" esperar. Por que não conseguem? Ora, por muito tempo, manter o lar impecável era uma habilidade invejável e imprescindível às boas esposas. O imaginário

"Mas o bacana é isso. Você (Ingrid Betancourt) deixa. Porque se eu deixar (o marido lavar as louças), as louças ficam lá na pia. Aí uma hora, depois de três dias, o (marido) lava. E eu num aguento isso.".

social ainda mantém essa verdade, reproduzida nos almoços de família, em casa, na TV etc. Lembrando que as participantes são do início dos anos de 1980, em que ainda predominava o padrão homem provedor e mulher mãe. Precisaremos de uma outra pesquisa com mulheres e homens que nasceram nos anos 2000 para compreender como essa realidade se presentifica.

A inserção social das mulheres deste estudo, bem como de outras mães, mulheres, trabalhadoras, militantes, independentes, questionadoras, executivas, mães ou cientistas ainda parece não ser suficientemente forte para provocar alterações profundas, consistentes e permanentes no padrão que define a forma como são interpretadas e compreendidas. Talvez, precisaremos esperar pelas mulheres que nasceram a partir dos anos 2000. Nem mesmo no ambiente doméstico restrito, no qual seria necessário sensibilizar menos pessoas, a sensibilidade do cônjuge consegue superar a concorrência externa. Os laços afetivos não parecem fortes para superar o patriarcado.

Fiz questão de trazer esses aspectos dos laços afetivos porque tenho uma imensa inquietação. Diz Caetano Veloso que "quando a gente gosta é claro que a gente cuida". Eu acredito nisso e penso que você também. Se eu amo alguém e vejo essa pessoa em perigo, com alguma dificuldade, em risco ou desvantagem em relação a qualquer evento, a minha tendência é proteger, cuidar, ajudar, estar próxima e tornar o fardo menos pesado.

No entanto, o suposto amor dos homens do estudo não agiu dessa forma. Apesar de verem suas esposas cansadas, exaustas, indispostas, sem banho ou dente escovado no final do dia, não se dispuseram a contribuir com as atividades do lar e/ou filhos de forma mais contundente. Sinto muitíssimo se você vive essa realidade. E se o homem que me acompanha nesses relatos se identifica com esses esposos, o livro inteiro está à sua disposição para compreender como sua esposa tem grande chance de se sentir.

Não quero, com isso, fazer revolução dentro dos lares motivando que as mulheres fechem o livro agora e questionem seus companheiros sobre o amor que têm por elas. A revolução que quero é da equidade de responsabilidades e afazeres. Ah, isso sim, seria muitíssimo esperado por mim.

Infelizmente, sei que ainda é "recorrente a associação entre as mulheres e os cuidados com os filhos" (CYRINO, 2009, p. 87), como pode ser visto em um estudo (NASCIMENTO, GIANORDOLI-NASCIMENTO; TRINDADE, 2008) com homens casados em que o trabalho feminino foi compreendido por eles como um direito adquirido e não necessariamente legítimo. Desse modo, consideram que elas conquistaram o direito de trabalhar, mas não podem renunciar aos seus deveres "naturais": cuidar da casa e dos filhos.

O mesmo aspecto foi abordado em outro estudo (SILVA, JORGE E QUEIROZ, 2012), tendo como referência a cultura portuguesa, onde se percebeu a divisão desigual dos afazeres domésticos e uma sobrecarga de trabalho para as mulheres. Eu mesma nem precisava de tanto estudo assim para concluir esse fato. Qualquer prosa com uma mulher sobre o tema evidencia essa exaustão. Mas a ciência está para nos confirmar percepções cotidianas. O que ouço e vejo não necessariamente representa a realidade de todas as pessoas.

Nos encontramos, mais uma vez, diante de um paradoxo existencial. O exercício da atividade profissional, com todos os retornos que ele gera (financeiro, emocional, pessoal ou social) é conflitado diante da pressão social, conjugal e familiar de realização das tarefas domésticas e cuidado com os filhos (BRUSCHINI; RICOLDI, 2009).

Não raro, podemos observar uma experiência cansativa da existência dessas mulheres no mundo (ALMEIDA; 2007; ÁVILA; PORTES, 2012). Sobre esse aspecto, a participante Frida comenta:

Não me parece nada justo, saudável ou ético que as mulheres se vejam repensando suas práticas e formas de existir simplesmente pelo fato de terem que cuidar de uma casa sozinhas, quando há uma outra pessoa adulta também residindo na casa.

"Meu corpo tem dado alguns sinais de um cansaço, uma fadiga em relação a isso. [...] Às vezes eu me sinto culpada por não me sentir satisfeita mesmo fazendo tantas coisas. E fazendo tantas coisas e abrindo mão de outras. Às vezes eu reflito coisas que são mais importantes e que precisam mais de mim nesse momento, como é o caso da (filha), que necessita mais da minha presença física".

Em pesquisa com a população brasileira (MALADOZZO; MARTINS; SHIRATORI, 2010), identificou-se que as mulheres com melhor remuneração tinham maior poder de barganha quanto ao não exercício das atividades domésticas. Nesse sentido, quanto maior o valor público dessas mulheres, menores são as "obrigações" que precisam cumprir na vida privada. Ou seja, você ganha mais do que seu esposo? Ah, então você está liberada de algumas atividades domésticas. Você ganha menos do que sua esposa? *Tesc, tesc*, será punido com atividades do lar. Me ajudem a compreender: é a mulher que é promovida ao status masculino ou é o esposo rebaixado para o status feminino?

Bom, ainda que considerássemos o ganho financeiro superior ao cônjuge um aspecto libertador para essas mulheres (MALADOZZO; MARTINS; SHIRATORI, 2010), encontraríamos nesse mesmo argumento um grande obstáculo, já que a remuneração das mulheres no mercado de trabalho apresenta-se inferior à dos homens (BRUSCHINI, 2007; YANNOULLAS, 2002). A realidade exposta é um Cavalo de Troia. Chega com cara de conquista e jeito de melhor equilíbrio, mas é uma verdadeira confirmação do viés patriarcal.

Podemos perceber outra fragilidade por meio da experiência de Maria. Ela possui maior remuneração em relação ao marido, mas isso não é o suficiente para que ela se emancipe da "obrigatoriedade" dos afazeres domésticos, definindo-se como uma *"metralhadora"* para conseguir resolver todas as atividades.

De toda forma, o que se pretende é, efetivamente, a igualdade de direitos e deveres no contexto privado. Se hoje, e desde sempre, os homens recebem maior remuneração em relação às mulheres, não é somente superando a remuneração que conseguiremos a igualdade de que precisamos para um gozo mais saudável de nossas próprias existências. A questão está para além do financeiro, embora passe por ele. É algo cultural, instituído e naturalizado, que precisa ser revisado, transformado e readaptado.

Não se trata de barganhar seus direitos, sua saúde ou o óbvio dentro de um contexto em que *"duas pessoas tinham que dar conta de duas pessoas",* como pondera Frida Kahlo. Também não é o caso de uma pessoa dar conta de todas as outras. Não se trata de mudar as peças do jogo de lugar, mas de mudar as regras do jogo ou, melhor, parar de jogar. Isso porque o jogo e a barganha implicam que um deve perder para que o outro saia ganhando. Nesse sentido, todos perdem: mulheres, homens, filhos, conjugalidade e a própria sociedade.

Podemos observar essas perdas na relação conjugal das mulheres do estudo, uma vez que se sentem desvalorizadas e não reconhecidas pelos esposos em razão do esforço que fazem para conseguir cumprir com todas as suas "obrigações".

Elas apresentaram rotinas diárias exaustivas, atividades intensas em casa, no trabalho, com os filhos, preocupações notáveis com os horários, cobranças

"Ah, é meio pesadinho, né? Assim, é tudo muito em cima de você. Não só o filho, mas algumas coisas de casa".

"eu queria sentir. Eu queria ver que eu faço a diferença. Eu não vejo que eu tenha diferença".

pessoais, dos esposos, dos familiares e sociais; mas não são reconhecidas por essa dedicação. Diante disso, é curioso notar que algumas delas viam no casamento uma possibilidade de libertação, de uma existência mais livre frente aos impedimentos sociais e familiares que viviam na vida de solteiras. Você conta ou eu conto?

"Eu penso que a gente nunca é inteiramente livre. Sabe, a gente quando é solteira a gente pensa 'ah, eu vou sair de casa pra ser livre'. Aí você tem, em casa você tem que obedecer a pai e mãe; na escola você tem que obedecer professor; aí você começa a trabalhar você já tem que obedecer o seu superior; aí você casa, você diz 'vou ser livre!'. Aí você tem que se sujeitar às vontades do marido".

"Joana, eu gostei do que você falou. Você falou uma coisa que é verdade. A gente sempre vai ser submissa. Eu sou uma burra. Porque assim, eu sou muito inocente, gente. Assim eu casei. No final do meu casamento eu escrevi uma carta pro meu pai, e a frase, eu acho que não vai sair nunca da minha cabeça, vou sempre lembrar dela [...] No comecinho da carta eu escrevi, eu comecei assim: eu venci. E o que eu mais passo é provação na minha vida de casada. E eu fui muito ingênua de achar que por casar eu vou ser livre. Entende? Justamente por isso, por achar que eu consegui".

As expectativas de liberdade e satisfação foram frustradas diante de uma vida conjugal aprisionada aos afazeres domésticos e cuidados com os filhos. Desse modo, o trabalho surge como redentor, como libertador das amarras, onde se sentem mais livres, reconhecidas e valorizadas.

Uma revisão da literatura evidenciou impactos positivos do trabalho remunerado no bem-estar de mulheres trabalhadoras (POSSATTI; DIAS, 2002). E é o que defende fervorosamente Simone de Beauvoir (1970).

Considerando o aprisionamento às tarefas domésticas e sua desvalorização, bem como a rotina intensa de atividades, não é de surpreender que a conjugalidade tenha sido descrita pelas mulheres como o campo existencial mais fortemente prejudicado com a chegada dos filhos. Essa realidade foi denunciada mais abertamente no último encontro, quando as devoluções foram realizadas.

Quando eu expus que o retorno ao trabalho possibilitou o retorno à existência delas enquanto trabalhadoras, mulheres ou outras funções, incluindo a de esposa, elas rapidamente me corrigiram dizendo que o de esposa *"não. Não voltou jamais. Jamais voltará"* (Íngrid Betancourt) e *"até hoje não voltou"* (Frida Kahlo). As expressões das esposas trabalhadoras refletem sentimentos de desesperança quanto a uma conjugalidade mais interativa e efetiva. Os efeitos podem ser vistos na redução do diálogo, momentos de lazer e frequência nas relações sexuais: *"E cadê a conversa? Logo com ele que gosta de conversar muito, sabe? Cadê o sexo, que não tem e ele reclama?"* (Maria).

Em um estudo com casais em que ambos os cônjuges trabalhavam e os filhos estavam em idade escolar, a conjugalidade foi a que menos recebeu investimento por parte dos cônjuges em relação aos filhos, ao trabalho e às tarefas domésticas (SOUZA, 2007). Sendo

> Encontramos um grande risco em depositar somente no trabalho a existência livre, válida e legítima das mulheres. Elas são. Ponto. Por mais que a frase esteja inadequada às regras gramaticais, está correta quanto às "regras" existenciais. Nós, mulheres somos, existimos e estamos presentes no mundo. Assim como qualquer outro ser que se presentifica em nossa realidade mundana. O fato de ser mulher não deveria demandar predicados para o reconhecimento da existência. É mulher, mas é casada? É casada, mas é mãe? É mãe, mas trabalha? É mãe e trabalha?! Há sempre um questionamento adverso. É mas não como deveria ser. Está como não deveria estar. Enfim, não parece haver existência feminina que atenda às expectativas sociais. Parece que estamos sempre em débito. E nossa dívida é hereditária e será vitalícia se nada for feito no presente.

que, coube às mulheres do estudo a responsabilidade maior em relação aos filhos e à casa. A participação dos homens evidenciou-se de modo mais esporádico e não regular quanto aos trabalhos domésticos e ao cuidado com os filhos esteve mais relacionado aos momentos de lazer. Parece que estamos em um looping eterno.

"Acho que tem muitos papéis envolvidos no mesmo ambiente, dentro da casa. De esposa e de mãe. Quando você está com seu bebê, com a presença do seu marido, o bebê prevalece. Não estou dizendo que ela fica isolada no papel de dona de casa, nem isolada no papel de mãe, no sentido dos cuidados com a criança, mas são vários desempenhados dentro de um mesmo ambiente. Já no ambiente de trabalho você precisa desempenhar só aquele papel de trabalhadora".

As trabalhadoras mães e esposas relataram maior facilidade no exercício da maternidade e do trabalho em virtude de uma dinâmica doméstica que não favorece o protagonismo da esposa.

A coexistência de várias funções dentro de um mesmo ambiente e ao mesmo tempo faz prevalecer a mãe e a dona de casa em detrimento da esposa. No ambiente de trabalho, a profissional existe absoluta, sem a interferência clara e frequente das demais funções. Ressalta Maria: "É que quando eu *entro lá* (no trabalho), *eu me afundo tanto nas coisas que tem pra fazer, que às vezes a gente acaba esquecendo um pouco, né?*".

"Hoje, o (filho) já não requer tantos cuidados, eu acho que eu 'tô' ficando pra trás. Já tinha que ter voltado pra uma normalidade a relação do casal. E não volta. Não por conta de mim, mas por conta dele".

O espaço doméstico, privado, parece denunciar para essas mulheres a necessidade de um existir restrito à função materna e aos cuidados com a manutenção física desse espaço. Embora entendam que as atividades domésticas devam ser compartilhadas com o esposo, que também divide esse espaço privado, a conjugalidade acaba sucumbindo.

Isso porque, de acordo com as participantes da pesquisa, a responsabilidade quanto à saúde conjugal também recai sobre elas. Pronto, não há alívio. A casa é da dona de casa (termo bem espertinho, não?), os filhos são da mãe e o casamento da esposa.

"Esse retorno eu tenho tentado resgatar, mas tem que ser quase que impositivo. Eu acho que ele tem o mesmo sentimento, mas não se incomoda tanto quanto eu. Não se mobiliza. Não. Jamais. De jeito nenhum".

Quando falo desses temas para as minhas alunas, elas rapidamente respondem *"ah, não, professora. Não quero ter filhos não"* ou *"é por isso que não quero casar"*. Curiei (ato de "curiar", de colocar em prática a curiosidade. Acho que só tem essa palavra no dicionário mineiro!), certo dia, uma senhorinha muito animada conversando com as amigas sobre pretendentes para namorar. Ela confiante contribuiu para a discussão *"eu não quero mais homem dentro da minha casa. Não, pra ficar me regulando e eu lavando as cuecas dele? De jeito nenhum!".* Ela me viu toda trabalhada na curiosidade e me perguntou se eu era casada. Respondi que sim e ela, decepcionada, disse *"ih, tá vendo. Essas meninas casam cedo demais e já ficam presas a homem".* Não sabia se ria ou chorava. Ninguém mandou ficar prestando atenção em conversa que não era comigo!

Os maridos que têm suas cuecas lavadas pelas esposas, ainda que se sintam insatisfeitos com a relação ou com o afastamento das companheiras, não se posicionam ou se manifestam em relação a isso. Cabe, então, às esposas a iniciativa do diálogo e entendimento.

Nesse contexto, o cansaço reaparece agora relacionado à constante iniciativa delas de alterarem a dinâmica familiar em benefício do casal e da própria família.

Nesse *"deixar pra lá"*, a distância entre os cônjuges pode ir se agravando e prejudicar a manutenção da própria relação, como destaca Íngrid Betancourt: *"Estamos sendo ótimos pais. Estamos cuidando* muito bem das nossas finanças, do nosso futuro profissional. E a gente vai chegar num ponto que a gente vai viver isso separado".

"Mas é uma tendência, assim. A gente senta, conversa, dali a pouco o negócio volta a acontecer. Acontece algum episódio que me desmotiva, me desagrada. Aí eu penso 'não adiantou porra nenhuma a conversa que eu tive com ele'. E aí isso desmotiva. Isso gera um ciclo de que 'ah, não resolve também conversando, então vou fazer o que?'. Deixar pra lá".

Maria, diante da exposição das demais participantes, sugere os caminhos para superação dessa tendência da relação conjugal, considerando a realidade em que ambos trabalham e os filhos estão ainda pequenos.

"Eu fiz o esforço e percebi ele mais flexível em aceitar algumas deficiências que eu tenho, de comportamento, de energia, de tudo. E aí é isso. Essa sinergia de nós dois. E a gente vai se adaptando. Ele vai cedendo de um lado, eu vou cedendo de outro, e aí eu percebo que essa vida conjugal tá começando a dar certo."

As esposas deste estudo concordaram que a experiência da conjugalidade exige, de ambos, investimentos, mudanças e adaptações. Além disso, ressaltam a importância na ruptura da tendência ao afastamento, sendo outra "maré" contra a qual precisam nadar: Entendem a importância do diálogo e do nadar contra a maré, mas se encontram, com certa frequência, muito cansadas. Cansadas de lutar e de nadar contra a maré, de serem solitárias na busca por uma vida familiar mais igualitária e saudável, de tomarem a iniciativa, de lavarem as louças, de serem, então, a "mulher maravilha".

No entanto, mostram-se esperançosas quando ouvem os resultados positivos que a manutenção dos esforços pelo bem-estar da conjugalidade, particularmente, traz. O cansaço cede lugar à esperança e ao desejo de mudar a própria história. Começam a perceber que os maridos podem caminhar junto com elas.

Resultados semelhantes às conclusões das mulheres do estudo foram encontrados na pesquisa realizada com 111 casais do Distrito Federal, em que ambos trabalhavam e a maioria tinha filhos (PERLIN; DINIZ, 2005). Os casais demonstraram-se satisfeitos com o relacionamento e dispostos a continuar investindo esforços para sua continuidade. O movimento pela conjugalidade como iniciativa de ambos os membros do casal, assim como o cuidado com os filhos e as tarefas domésticas, foi favorecedor de uma boa convivência e saúde conjugal.

Sendo o espaço privado habitado por homens e mulheres é razoável, então, que a participação de ambos neste espaço seja, também, compartilhada. Já são notórios os benefícios que a conjugalidade efetivamente partilhada pode trazer para homens e mulheres. Podemos expandir a necessidade de movimento pela igualdade para fora do contexto privado. Nesse sentido, teríamos homens lutando também pelo direito (ou dever) de dedicarem mais tempo a outras atividades e funções para além do trabalho.

A realidade masculina é concorrente com esse movimento. Homens convictos da importância de uma participação ativa nas áreas que estamos abordando encontram no mundo externo barreiras, críticas, chacotas e desqualificação. A depender da história desse homem, sua convicção pode vir por água abaixo.

E não são somente barreiras relacionais. Temos impasses formais para o envolvimento pleno dos homens na relação conjugal e paternidade. Atualmente, por exemplo, a licença paternidade prevê somente cinco dias corridos de afastamento do pai traba-

> De acordo com a Associação Nacional dos Registradores de Pessoais Naturais (ARPEN-Brasil), em 2022, quase 1.024.592 crianças não tinham o nome do pai em seus registros civis.
>
> Disponível em: https://transparencia.registrocivil.org.br/painel-registral/pais-ausentes. Acesso em: 8 fev. 2023.

lhador das atividades laborais (BRASIL, 1967). Sendo que, inicialmente, a licença era de somente um dia, destinado ao registro da criança no cartório, porque é só isso que dá para fazer em um dia. E, mesmo sendo este o papel do pai biológico em relação ao filho, nem isso fazem.

Em alguns países da Europa, a licença para os cuidados com o filho é concedida em benefício da mãe, do pai ou de ambos. Além disso, o período da licença pode chegar a um ano e seis meses (BADINTER, 2011). Essas mudanças legais podem ser uma brecha para a validação de uma maior participação dos homens no contexto doméstico, embora não sejam definitivas e suficientes.

Em pesquisa sobre os benefícios e políticas públicas vigentes em quinze países europeus, concluiu-se que a licença paternidade, ocorrendo nos mesmos moldes da licença maternidade, "reduziria bastante as tarefas familiares tradicionalmente assumidas pela mãe e estimularia uma melhor divisão do trabalho não remunerado dentro do casal" (MEULDERS e cols., 2007, p. 637). Conclusão um tanto óbvia, não é mesmo? Mas, ainda que a ciência evidencie esse resultado óbvio, vivemos a realidade contada e recontada por aqui.

Em se tratando da realidade brasileira, Pinheiro, Galiza e Fontoura (2009, p. 853) constataram que a:

> [...] atuação do Estado brasileiro, ao contrário, está distante desses objetivos: os direitos trabalhistas relacionados à proteção à família, além de terem cobertura bastante limitada, reforçam a concepção tradicional de família composta de um 'homem provedor' e uma 'mulher dedicada aos cuidados do lar', com sérios rebatimentos sobre a inserção feminina no mercado de trabalho e sobre a divisão sexual do trabalho reprodutivo.

Nesse sentido, faz-se extremamente importante a revisão das políticas sociais e legislações vigentes, assim como os padrões culturais relacionados à participação dos homens nas tarefas domésticas, de modo a garantir uma efetiva contribuição e distribuição igualitária de responsabilidades. Teríamos, dessa forma, pais participativos no desenvolvimento de seus filhos, realizando as atividades domésticas; casais mais harmoniosos e podendo exercer, verdadeiramente, a conjugalidade que desejaram; e, finalmente, mulheres experimentando a maternidade, o trabalho, a conjugalidade e as suas próprias existências de modo mais leve e saudável.

Enquanto isso não ocorre, a experiência da maternidade aliada ao trabalho, aos afazeres domésticos e à conjugalidade foi entendida pelas mulheres deste estudo como:

> *"[...] um desafio. É um desafio em vários sentidos: físicos, emocionais, logísticos, temporais".*
>
> (Frida Kahlo)

> *"[...] uma correria. [...] É difícil. Mas não é fácil não. Vai ter coragem!".*
>
> (Íngrid Betancourt)

> *"[...] pesadinho, né?".*
>
> (Ana)

> *"[...] sobrecarregada".*
>
> (Joana)

> *"[...] plena, plena, eu não era".*
>
> (Maria)

Diante disso, ser mulher, mãe, trabalhadora e esposa é estar em constante luta por igualdades e liberdades. E essa luta demanda uma energia que poderia ser investida em outras áreas da vida, em outros objetivos que não a legitimação de sua livre existência.

Como Íngrid salientou, é preciso realmente muita coragem para embrenhar-se por este caminho ou permanecer nele, para enfrentar os impedimentos, as omissões, as sobrecargas e a rotina pesada. Levando a crer que *"esse trem aí não é pra qualquer um não. Eu não sei. Eu tenho minhas dúvidas se todas as mulheres deveriam ser mãe"* (Frida Kahlo). A consideração de Frida é extremamente pertinente. Além dos cuidados maternos básicos, que já requerem um grande investimento da mulher mãe, é preciso lidar com toda a conjuntura já exposta.

Isso em uma realidade em que a escolha consciente é possível. Bem sabemos que nem todas escolhem ser mães ou trabalhar. Simplesmente o são. Muitas mulheres de periferia dariam gargalhadas ao ler este livro, considerando quase como piada a escolha por trabalhar e a luta por esse direito. Muitas delas não tiveram escolha, sequer cogitaram a possibilidade de não trabalhar. Tinham que dar conta das finanças e pronto. De qualquer forma, isso não quer dizer que a experiência delas seja menos penosa que a de mulheres com perfil semelhante às do estudo. Muito pelo contrário, sendo responsáveis pelo lar, as mulheres periféricas se veem, muitas vezes, abrindo mão de desejos e necessidades pessoais e ainda exaustas por terem trabalhado o dia inteiro, pego ônibus lotado para ir e voltar do trabalho e chegar em casa e ainda ter que fazer janta, limpar a casa e orientar os filhos nas tarefas de casa (quando a escolaridade permite).

É preciso, neste panorama, coragem para existir, para ir e vir, para ser mulher, mãe, trabalhadora, esposa, amiga, filha, estudante, tia, cidadã e/ou manter-se nesses papéis ao longo da vida, se essa for a vontade das mulheres. É preciso coragem para mudar a própria existência e para continuar existindo, sendo esse um caminho que *"Ufa! Cansa. Bota aí, cansa!"* (Ingrid Betancourt).

MATERNIDADE SILENCIOSA E SOLITÁRIA

Ao final do último encontro, as mães trabalhadoras mostraram-se preocupadas com a real contribuição delas para a pesquisa. Como estavam falando de suas experiências para além da maternidade, entenderam que não estavam relatando o que seria importante para o alcance dos objetivos do estudo.

"Eu não sei se a gente saiu do tema que você tinha proposto. Acho que talvez como um momento de desabafo e a gente se apropriou disso".

Frida Kahlo completou dizendo que *"você só ficou ouvindo nossas lamentações"*.

Mais do que uma genuína preocupação com meu trabalho, as mulheres denunciaram a experiência solitária e silenciosa das dificuldades, cansaços e desafios de serem, diariamente, mulheres, mães, trabalhadoras e esposas. Se não há espaço para uma vivência efetiva da conjugalidade, a rotina pesada de atividades e responsabilidades pode estar distanciando-as, também, de interações sociais nas quais poderiam compartilhar suas experiências e ouvir outras mulheres.

As palavras 'lamentações' e 'desabafo', utilizadas pelas participantes, denunciam a necessidade de falar sobre o tema e ter uma audiência livre de julgamentos para as experiências relacionadas à maternidade e seus paradoxos. No entanto, o afastamento natural e, muitas vezes, inevitável das relações sociais (especialmente as amizades) impede que elas possam externalizar suas lamentações e desabafar suas pelejas.

As amizades apareceram somente na fala de Íngrid Betancourt, que relatou manter encontros com as amigas e de uma necessidade de manutenção desses encontros em benefício de sua saúde mental. Íngrid Betancourt, inclusive, foi a participante que mais fez uso do espaço para fala, explicitando o caráter mobilizador de sua experiência. Essa necessidade evidencia a importância de relacionamentos que transcendam o contexto doméstico. O diálogo com amigas pode contribuir para a troca de informações sobre suas vidas, saída de suas próprias realidades e escuta de realidades diferentes (não casadas, não trabalhadoras ou não mães, por exemplo).

> Trago à baila, nesse momento, o fato de os homens (apesar de não serem os mais sobrecarregados com a chegada dos filhos), com frequência, manterem uma rotina fiel de futebol, boteco, resenhas e o que mais for possível para descansar e se divertir com os amigos.

As amizades configuram-se como um grande meio de promoção de saúde e qualidade de vida (DE SOUZA E HUTZ, 2008), como evidenciou uma revisão da literatura sobre amizade na vida adulta. Caracterizam-se, dessa forma, como uma estratégia de manutenção da saúde e bem-estar de mulheres. No entanto, a própria realidade e logística cotidiana pode afastá-las do gozo dessa estratégia. O que pode ser percebido na dificuldade de encontrar um momento de disponibilidade comum entre todas elas para a realização da própria pesquisa em tela.

Ao final dos nossos encontros, em todos eles, as participantes iam embora conversando entre si sobre a necessidade de mais momentos como "esse" e de como foi bom ouvir umas às outras e falar sobre suas experiências. Evidenciando a raridade com que acontecem "esses" momentos em suas vidas. Podemos entender "esse" momento, como um momento de diálogo, interação, desabafo, choro, raiva e solidão compartilhada, uma vez que estavam longe de suas famílias, mas acolhidas por pessoas que compreendiam suas experiências.

Podemos nos questionar se os ambientes familiares e sociais dessas mulheres estão, efetivamente, permitindo um espaço de fala e compartilhamento dos reais sentimentos inerentes às suas múltiplas existências.

De todo modo, foi notória a necessidade e o benefício que o compartilhamento de suas realidades trouxe para cada uma delas. Tendo os encontros atuado como espaço de apoio às suas experiências, fortalecimento ou revisão de suas estratégias de enfrentamento.

Além disso, podemos perceber que o exercício simultâneo de diferentes Joanas, Marias, Anas, Fridas, Íngrids, as quais são mulheres, mães, trabalhadoras ou esposas, pode não ter o necessário acolhimento em qualquer roda de conversa. A experiência compartilhada com pessoas que experimentaram situações semelhantes parece ter maior efeito e repercussão em relação ao diálogo com pessoas que não a experimentaram.

O apoio social é destacado como benéfico não só para a mãe, mas para o bebê/criança e para a relação conjugal das mulheres mães e esposas (RAPOPORT; PICCININI, 2006,). No entanto, esse apoio social refere-se mais fortemente à ajuda no compartilhamento de atividades e divisão dos cuidados com o bebê e a casa com outras pessoas.

Embora "cada mãe possa necessitar de diferentes tipos de apoio, em diferentes circunstâncias, quer seja uma orientação, uma ajuda prática ou mesmo algumas palavras de carinho" (RAPOPORT; PICCININI, 2006, p. 94, com alterações), a orientação e

> Thaís Vilarinho, colunista, escritora e fundadora do movimento "Mãe fora da Caixa", (@maeforadacaixa), idealizou um aplicativo de interação entre mães. O aplicativo conta com mais de 10 mil mulheres on-line por dia e aproxima mulheres distantes geograficamente mas próximas em suas experiências. O aplicativo está disponível de forma gratuita no perfil do Instagram: @maeforadacaixaapp.

as palavras de carinho foram pouco evidenciadas na literatura sobre o tema.

Não se pretende minimizar o papel do apoio social prático às mães, muito pelo contrário, eles apresentam consideráveis benefícios para a experiência da maternidade das mulheres (PICCININI, 2002), tendo sido fortemente destacado pelas participantes desta pesquisa. No entanto, o apoio aos sentimentos e às emoções das mulheres que atuam em diferentes e, muitas vezes, concorrentes atividades, pode ser importante para o manejo adequado de seus medos, culpas, insatisfações, dúvidas e cansaços naturais diante de suas experiências.

> No contexto clínico de atendimento psicológico, é evidente a importância que o acolhimento às mães tem para uma melhor percepção de si mesmas e da própria maternidade.
>
> É triste identificar que as mães precisam recorrer a uma profissional de saúde para serem compreendidas em suas experiências maternas e sentimentos relacionados.

São comuns os trabalhos científicos que abordam a percepção ou os sentimentos de mães em circunstâncias adversas como gestação na adolescência, patologia fetal, abortamento, patologia materna, mães solo ou mães atípicas. Mas carecem de contemplar as mães que exercem suas maternidades em condições saudáveis ou comuns. Entende-se, desse modo, que há uma deslegitimação ou, minimamente, um não reconhecimento dos conflitos emocionais das mulheres mães, trabalhadoras, esposas, adultas e saudáveis.

Denota-se que a maternidade, nesses casos, estaria acontecendo em plenas condições. Mais uma vez, não se trata de minimizar a experiências das mulheres mães nas situações adversas citadas, mas de legitimar os conflitos que as demais mulheres mães porventura vivam e oferecer-lhes o suporte necessário. Tendo sido duas vezes uma mãe típica e agora uma mãe atípica, digo com muita tranquilidade que o apoio emocional é fundamental em qualquer forma de ser mãe.

> Foi a carência desse "espaço" de apoio às emoções maternas que me motivou, dentre outros aspectos, a atuar com mães e a criar o perfil no Instagram. Não raro, recebo mensagens de mães relatando o efeito positivo em si mesmas quando leem relatos sinceros de sentimentos ambivalentes e descontentamento com questões relacionadas à maternidade.

Nesse contexto, percebemos a influência da velha destinação natural das mulheres à maternidade. Em situações saudáveis e ordinárias, as mulheres "teriam" plenas condições de seguir no exercício de suas maternidades, mesmo exercendo outras funções que não só a materna. Nesses casos, o conflito, os sentimentos paradoxais, a culpa, o medo e as dúvidas não se justificariam. Desse modo, Íngrid Betancourt ressalta a importância de revelar outros aspectos relacionados à maternidade, embora a sociedade insista em não os perceber.

> "Eu acho que tem um negócio, também, de glamourizar a maternidade como se fosse algo dos deuses, sabe? E num é. [...] Valoriza muito a mulher na maternidade, mas ela tá perdendo ali no outro campo, da intelectualidade, da essência, do ser (ênfase) humano que ela é".

Como compartilhar socialmente a vontade de ser alguém que não somente mãe? Como verbalizar em uma roda de conversa informal com as amigas não mães que está em dúvida entre assumir posições hierárquicas mais altas e não ter filhos ou não ter mais filhos? Como dizer que gostaria de um momento como "esse", sozinha, longe dos filhos e do marido? Do que reclamar se os filhos estão saudáveis e elas também? Tudo isso em uma realidade social que entende as mulheres como sendo, naturalmente mães e, dessa forma, inteiramente voltadas à maternidade e tudo a ela relacionado (BARBOSA; ROCHA-COUTINHO, 2007).

> Eu mesma tive a experiência de duas maternidades sem intercorrências e senti muita falta de grupos de apoio ou acompanhamento especializado. O submundo clandestino da maternidade real não permitia a externalização de muitos sentimentos. Com a maternidade atípica, do terceiro filho, as demandas emocionais aumentaram e/ou se intensificaram, mas as vivi nas duas anteriores de qualquer forma.

Nesse percurso, é importante que as interações sociais dessas mulheres estejam para além das relações familiares, cujo benefício é reconhecido, mas que pode manter a temática somente no âmbito individual e íntimo. Assim, salienta-se que as relações familiares se recolhem à esfera individual e privada, atribuindo àquela pessoa e à **sua** história os sentimentos e as sensações que está vivendo, desvinculando essa pessoa do mundo em que está situada e de todas as "verdades" que esse mundo lhe impõe (RAGO, 2004), os quais estão "fora" do ambiente familiar.

Na mesma percepção, em uma análise sobre o papel da amizade ao longo da história, destacou-se que a amizade foi deixando de ser um aspecto social e público para se tornar cada vez mais um recurso à intimidade, ao isolamento e à privatização do mundo vivido. Isso porque "o surgimento da família burguesa constituiu elemento principal do processo de privatização, despolitização e intimização próprio da modernidade" (ORTEGA, 2002, p. 105).

Dessa forma, o compartilhamento das experiências das mulheres mães, esposas e trabalhadoras para pessoas diversas (portanto, fora da realidade que vivem) pode garantir-lhes maior riqueza de realidades e experiências. E quando há o encontro com pessoas que vivem a mesma realidade, elas podem escapar do ambiente familiar privado, assim, limitado. Identificar-se com outras mulheres com dificuldades semelhantes, confere-lhes uma sensação confortante de "não é só comigo".

Ainda que a família, ao longo do tempo, tenha se tornado um "refúgio em que se escapa aos olhares de fora" (ORTEGA, 2002, p. 106), o passar de épocas e necessidades evidenciou que esse refúgio mais funcionava como aprisionamento.

Nesse sentido, o grupo de mulheres proposto nessa pesquisa tornou-se espaço de fala, reflexão e tomada de consciência pelas participantes. A interação das mulheres, seus relatos e, mais do que isso, suas experiências fizeram dos encontros um espaço, verdadeiramente, de insights e desvelamento de suas realidades.

Pude acompanhar as falas confusas, as perguntas feitas umas às outras para promover uma nova visão da realidade; os olhares piedosos diante de momentos de choro ou de um relato mais triste e cansado; os relatos que visavam acolher, dar esperanças ou, até mesmo, alertar as demais quanto a posturas que deviam assumir ou mudar.

Foram muitos momentos em que as participantes se faziam perguntas de modo a entender melhor a fala de outra e, também, mostrar-lhe outros pontos de vista. Além disso, houve momentos de reflexão conjunta, em que nenhuma delas tinha resposta, mas foram pensando em voz alta e chegaram a um ponto comum.

A experiência compartilhada e não mais silenciada trouxe, mesmo que momentaneamente, sentimentos de satisfação. Puderam se perceber nas falas umas das outras, falar aberta e livremente sobre seus sentimentos e realidades e serem validadas em suas experiências nada glamorosas, mas incrivelmente reais da maternidade trabalhadora.

Nesse sentido, o grupo permitiu às participantes que, percebendo-se umas nas outras, pudessem se perceber no mundo e, logo, conhecerem-se. Fazendo, dessa forma, alusão à máxima do filósofo Merleau-Ponty ao afirmar que "a verdade não habita unicamente no 'homem-interior'; melhor ainda, não há homem interior, o homem está no mundo, é no mundo que ele se conhece" (1999, p. 6). Ou seja, é na interação que nos conhecemos e percebemos. É na relação com o mundo que nos desvelamos.

> Destaco o papel de profissionais de saúde que atuam com mulheres. É importantíssimo que compreendam a realidade das mulheres de modo contextualizado e politizado, com vistas a não agir com preconceitos e reproduzir determinações socioculturais já evidenciadas neste trabalho. A atuação com mulheres deve ser, imprescindivelmente, atravessada pela perspectiva de gênero, sob pena de violentá-las com a reprodução de estereótipos falidos, porém, adoecedores.

Infelizmente, se a realidade de interações presente em nosso espaço possui verdades equivocadas a respeito de nossas existências, não iremos nos conhecer de "verdade". Sendo assim, outros "mundos" precisam ser revelados a nós mulheres, explicitado na fala de Joana *que bom que não sou só eu*. E nós precisamos revelar um mundo da maternidade mais real e menos romantizado.

Mais do que apresentar-lhes outras verdades, o mundo em que vivemos precisa apresentar-se de modo diferente às mulheres, às mães, às trabalhadoras e às gestantes. Desse modo, o conhecimento que alcançarão de si mesmas ao interagirem com a realidade social presente será mais acolhedor e legitimador de suas existências. Aliás, é o que todos queremos e precisamos para existir de forma menos pesarosa. Toda pessoa deseja ser reconhecida em sua forma de existir e se presentificar. Os "*likes*" das redes sociais evidenciam essa necessidade humana de aprovação, embora não seja a melhor forma de obtê-la. No entanto, quando falamos de minorias sociais como as mulheres, pretas ou pardas ou a população LGBTQIa+, a validação está para além da simples aceitação e tolerância (termo que me causa incômodos). Demanda-se legitimação, direitos, acessos e respeito.

Enquanto o mundo real não é capaz de oferecer a validação de suas existências, faz-se necessário, então, o engajamento de mulheres em atividades ou encontros em que possam compartilhar genuína e honestamente seus sentimentos. A audiência de outras mulheres experimentando circunstâncias semelhantes pode oferecer o acolhimento de que necessitam.

Nas minhas práticas coletivas com mulheres, quando relatava experiências pessoais e minhas dificuldades, podia ouvir o suspiro aliviado das mulheres e ver as cutucadas umas nas outras dizendo "é desse jeito mesmo!". De um jeito bem-humorado e sutil, expunha nossas agruras na maternidade e era frequente as mulheres dizerem que não sabiam que a maternidade envolvia tudo o que experimentaram.

Costumo dizer que existe uma sociedade clandestina de mães que tem como pacto coletivo não compartilhar a realidade materna. Mantêm a maternidade sob o véu do romance dos livros e das novelas, com uma mãe em um quarto cuja luz entra suave pela janela, o bebê repousa calmo e angelicalmente em seu colo enquanto ela o amamenta e sorri um sorriso terno e satisfeito por ter realizado o maior sonho de sua vida.

É claro que essa pode ser a realidade de alguma mulher. Se for a sua, por favor, entre em contato comigo porque quero saber

---

Tratar a maternidade de forma real, trazendo suas agruras e dificuldades, não significa que não há alegria na maternidade. Isso está posto, logo não teríamos mães por vontade própria. No entanto, esclarecer o que se pode encontrar na experiência materna é importante para evitar o adoecimento psíquico das pessoas que optam pela maternidade. Naturalmente, ser responsável pela educação, saúde, bem-estar e integridade física de um ser humano é uma tarefa para lá de difícil. Essas deveriam ser as preocupações de mães e pais. Infelizmente, essas preocupações recaem mais às mães (até porque vimos que o quantitativo de pais ausentes é grande e mesmo quando presentes fisicamente se fazem ausentes nas atitudes e paternagem). Para piorar, o maternar é sobreposto por regras, padrões, juízos e tudo o mais que já comentei por aqui. A sobrecarga mental é massacrante e as atividades práticas a serem desempenhadas, exaustivas. Como sobreviver como mãe em uma realidade assim?

como conseguiu essa proeza! Isso porque o comum é a mãe amamentar descabelada, sem blusa para facilitar o processo, com a calça do pijama, fraldas espalhadas por toda a casa, pia cheia de louça, segurando o xixi e com fome.

Vivi momentos deliciosos com meus três filhos. E ainda vivo. Momentos em que quero parar o tempo e vive-lo eternamente. Às vezes era uma cantoria autoral que protagonizava para interromper um choro de abalar a vizinhança; ou quando colocava Arca de Noé para tocar durante o banho e cantava alto e performaticamente para tirar gargalhadas gostosas; quando colocava um deles para arrotar e ela ou ele apoiava o rosto de ladinho no meu ombro e, o melhor de todos para mim, quando esticavam os bracinhos chamando por mim: me sentia a pessoa mais importante do mundo! Às vezes falava em voz alta "nossa, eu sou muito maravilhosa. Meu filho não quer mais ninguém, só a sua mamãezinha querida!".

Viram? Não tem glamour. E isso não quer dizer que não existam momentos especiais, ricos, emocionantes e profundamente satisfatórios. Existem, prova disso é que tive três filhos e todos eles foram planejados (sou uma exceção à regra). E ainda teria outra(o) se ainda pudesse e os mais velhos aceitassem. Só de falar em mais um irmão ou irmã, eles já se unem num sindicato fortalecidíssimo e militante.

Há maravilhas na nossa relação com nossos filhos e filhas. Momentos que até parecem mágicos. Mas, ainda bem, são muito reais e não são vividos em câmera lenta com uma linda canção para acompanhar. São vividos de forma despretensiosa ou surpreendente. E há também as agruras da maternidade, as quais já comentei por demais por aqui e outras que vocês já conhecem de cor. Para não dizer que não contei nada, imagina você ter que trocar uma fralda de cocô ou limpar o bumbum da criança depois de usar o vaso enquanto está no meio de uma refeição. Imagine segurar o número dois até não conseguir mais e ter que aliviar-se com o bebê no colo, porque se colocar no carrinho ele grita horrores. Ou ter que mediar um sério conflito em irmãos no carro porque um está olhando pela janela do outro. Ou ter que ir à escola ouvir que seu filho bateu em um coleguinha da escola e, morrendo de vergonha, ensinar que é importante pedir desculpas e ter que ir conversar com os pais do coleguinha.

Essas são situações que deveriam ser partilhadas de forma mais rotineira entre as mães. Falar sobre o que sentimos e vivemos é fundamental para nossa saúde mental. Ei, é uma psicóloga que está falando com vocês. Eu trabalho por meio da fala. Quando a paciente me relata algo, ela se escuta. Sua fala ressoa sobre si mesma e ela tem uma nova percepção da sua experiência. Análises ou reflexões que ficam somente no campo das ideias e pensamentos são muito voláteis. Elas se perdem com um leve sopro. Emoções e reflexões ditas em voz alta se materializam no mundo, tornam-se um fato, uma realidade, uma verdade. E só assim podemos resolver ou ressignificar o sentido e o efeito sobre nós.

Certa vez, encontrei uma professora que eu gostava muito na recepção do instituto em que era aluna e ela professora. Andrea Dutra era minha diva na Análise do Comportamento, quando ainda tinha essa visão de mundo. Ela perguntou como eu estava e disse que estava muito cansada. E ela me perguntou: o que você tem feito para melhorar esse cansaço? Eu não soube responder. Eu não tinha feito nada a respeito. Só estava seguindo a vida cansando e cansada. Só percebi isso quando ela fez uma simples pergunta.

É nesse sentido que os grupos são tão pertinentes para a autopercepção e reflexão. Alguém te faz uma pergunta ou até comenta algo que nem era direcionado a você e isso produz uma luz muito grande para o entendimento de sua própria realidade. Como mulheres, precisamos muito mais de coletivos que nos proporcionem conexão, edificação, inspiração e coragem!

O engajamento de mulheres em grupos de danças populares, por exemplo, destacou o papel das relações sociais proporcionadas e estabelecidas nos grupos como via de sororidade (LIMA; PEREIRA, 2015). Para além de um simples encontro onde podiam dançar e dialogar umas com as outras, os grupos de dança proporcionaram um

> O termo "sororidade" não se apresenta como verbete nos dicionários brasileiros. É adotado pelos movimentos feministas em contraposição ao verbete "fraternidade", que apresenta como significados o parentesco entre irmãos; solidariedade de irmãos; união ou convivência como de irmãos; amor ao próximo; harmonia entre os homens; relações harmoniosas entre pessoas da mesma profissão, ocupação, classe etc. (Dicionário Michaelis, versão online).
>
> Disponível em: http://michaelis.uol.com.br/moderno/portugues/index.php?lingua=portugues-portugues&palavra=fraternidade. Acesso em: 27 nov. 2015.

espaço de discussão política e social, promovendo o encontro delas consigo mesmas, com as ideologias que atravessavam sua cultura, possibilitando que se apropriassem de suas experiências como genuínas, naturais e válidas. E estamos falando de um grupo de dança!

O mesmo benefício do grupo de mulheres, estimulador da sororidade, foi encontrado em oficinas de promoção de saúde e gênero (MENEGHEL, 2003). As participantes apresentaram mudanças comportamentais que favoreciam a si mesmas e sua atitude diante da realidade em que estavam inseridas.

Nesse sentido, faz-se muito importante o engajamento de mulheres, trabalhadoras, mães e esposas em grupos de discussão, reflexão e crítica de suas próprias realidades para que possam sair da inércia cultural em que vivem/viveram e tenham condições de produzir novas práticas e novos saberes.

Desse modo, o grupo estabelecido para esta pesquisa proporcionou um espaço que foi muito além do desabafo a que se referiram. Elas puderam, com a ajuda umas das outras, ter uma reflexão crítica sobre a experiência de serem mulheres, mães, trabalhadoras e esposas. Puderam enxergar os vieses culturais sob os quais estão submetidas e perceber que estavam deixando a "maré" levá-las. Sendo assim, por meio do diálogo e da troca de informações, experiências e sentimentos, elas se deram conta da "maré" que as conduzia e, ao final dos encontros, já estavam propondo alternativas de enfrentamento dessa maré, nadando contra ela.

O diálogo produtivo proporciona, então, emancipação das determinações sociais e desalienação. Isso implica em continuar ou não a viver suas vidas como vinham fazendo até aquele momento. Mas elas podem decidir se continuam ou não. Decidir é liberdade e ser livre é mais que uma demanda humana, é um fato.

Diante disso, em cada encontro, por uma hora aproximadamente, as participantes puderam contar suas experiências, olhar novamente para elas e ter novas percepções sobre suas próprias realidades, contribuindo para experiências futuras mais conscientes, autônomas e livres.

Além disso, as mulheres da presente pesquisa, cada uma a seu modo, foram autoras de seu próprio discurso (SELEM, 2013). No espaço proporcionado pela pesquisa, elas foram protagonistas de suas próprias experiências, sentimentos e reflexões. Foram protagonistas e não mais antagonistas de seus contextos familiares e sociais, como me referi no início deste trabalho.

"O MUNDO É NÃO AQUILO QUE EU PENSO, MAS AQUILO QUE EU VIVO"[10]

Quando experimentei a maternidade trabalhadora, tinha somente a minha própria realidade vivida como explicitação desse fenômeno. Ele se mostrava a mim de tal modo que a maternidade, sob a minha perspectiva, era a mais impactada com o exercício do trabalho remunerado.

As minhas expectativas e a prioris eram de que as mulheres mães e trabalhadoras viveriam a maternidade de modo conflituoso, pesaroso e, especialmente, revestido de culpa, assim como eu vivia. Afinal, se era de coragem que precisávamos para trabalhar e deixar nossos filhos, então essa prática não deveria ser a mais adequada. Minhas percepções sobre a maternidade trabalhadora encerravam-se no difícil equilíbrio de tentar ser mulher, mãe e trabalhadora, em que a balança pesaria negativamente para a mãe.

---

[10] Merleau-Ponty (1999, p. 14).

Guiada pelos pensamentos do filósofo Merleau-Ponty (1999, p. 4), o qual afirma que "retornar às coisas mesmas é retornar a esse mundo anterior ao conhecimento do qual o conhecimento sempre fala", dei um passo atrás em minhas próprias experiências e na minha visão particular deste fenômeno; e retornei a ele como se não o tivesse experimentado antes, aberta a compreendê-lo de outras formas, a depender de como ele se mostraria a mim quanto mais eu me debruçasse sobre ele. Dediquei-me a viver o fenômeno sob outras perspectivas e não sob a minha forma de pensar.

A primeira etapa deste debruçar caracterizou-se pelo aprofundamento nos estudos sobre o tema, por meio do qual outras faces do fenômeno já foram reveladas. A história das mulheres, da maternidade e da maternidade trabalhadora, definitivamente, me trouxe outra percepção, esclarecedora e chocante, sobre esse fenômeno. Somente nessa viagem literária já pude experimentar a minha própria experiência de modo mais confortante e libertador.

A história e a realidade de muitas mulheres de outros tempos e lugares, as quais nunca vi, conheci ou convivi, mostraram-me a construção histórica, social e cultural dos sentimentos que outrora eu mesma experimentava. Nesse sentido, a realização do mestrado teve caráter terapêutico, o que em geral não acontece nesse tipo de curso acadêmico. O mais comum é que a gente adoeça, se estresse e se sobrecarregue com tantos trabalhos, prazos e exigências. Não que isso não tenha acontecido, mas o impacto terapêutico foi muito mais significativo.

Finalmente, a etapa mais marcante do meu "retorno às coisas mesmas" da maternidade trabalhadora foi a escuta das mulheres. No primeiro encontro, apesar do estudo prévio, elas eram "somente" mulheres, mães e trabalhadoras. Já após o primeiro encontro e durante todos os outros, percebi que elas eram também esposas. Essa realidade era absolutamente óbvia e escancaradamente "mostrada", mas eu não havia tomado consciência dela.

A minha tomada de consciência sobre essa face do fenômeno só foi possível com o retorno ao fenômeno e a audiência de outras pessoas que o experimentaram. Para tanto, precisei silenciar minhas próprias experiências e, especialmente, minha voz, para que as experiências, os sentimentos, as emoções e as vozes das mulheres participantes deste estudo pudessem falar comigo e mostrar-me o fenômeno tal qual elas o experimentavam.

É por isso que, em repetidos momentos deste livro, refiro-me às participantes como mulheres, mães, trabalhadoras e esposas, uma vez que, até a realização do estudo, a conjugalidade não havia se mostrado, para mim, como uma característica marcante para a experiência da maternidade trabalhadora.

O contato com o fenômeno por meio de outras mulheres foi determinante para a minha melhor e diferente compreensão dele. Em vários momentos, aproximei-me da realidade vivida e relatada das mulheres que eu ouvia. Em outros, distanciava-me completamente. Melhor do que ouvir a experiência do vivido foi observar o fenômeno acontecendo diante de mim, por meio de situações como os atrasos e as ausências, as saídas antecipadas para resolver questões domésticas, o cansaço decorrente da rotina atribulada, o atendimento de telefonemas do trabalho ou de casa, as emoções vindas à tona com o relato de suas experiências e, de modo muito especial, o sentimento de sororidade que emergiu com a participação no grupo.

Tudo isso entrou em contato com a minha própria história. Inicialmente, foi ela que me conduziu até o estudo sobre a maternidade trabalhadora. Como comentei, afastei-me da minha experiência e, quando voltei para mim, já não era a mesma. Eu mudei a forma como eu vivia e compreendia a minha maternidade trabalhadora.

Se antes eu sentia culpa ao "deixar" meus filhos para trabalhar, este estudo me fez sentir saudade deles. Se antes eu me sentia estranhamente corajosa, agora me sinto vitoriosa, mulher, mãe, estudante, trabalhadora, esposa e tudo o mais que eu possa ser. A coragem de que preciso será somente para superar questões pessoais e não preconceitos sociais. Assim rogo!

Bom, essa foi a minha jornada e, se vocês se recordam, fiz um convite para que viessem junto comigo e "entrassem" no mundo da maternidade trabalhadora. Espero que tenham conseguido compreender de modo mais empático a realidade das mulheres que apresentei a vocês e se permitido olhar para as mulheres com as quais convivem com as informações que tiveram acesso com a leitura. Também ficaria muito feliz caso tenham se permitido observar a realidade sociocultural em que vivemos e relacioná-la ao percurso histórico que eu trouxe. E o mais importante, que vocês tenham se permitido e sido corajosos ou corajosas para mudar atitudes e formas de lidar com as pessoas ao seu redor, com as mulheres, com as mães, com os pais e como cidadãos.

A mudança que nossa realidade precisa é protagonizada por nós. Somos agentes de mudança e essa responsabilidade é muito potente. Já conseguimos realidades muito melhores para muitos grupos sociais, mas ainda há muito a conquistar. Não é fácil nadar contra a maré, mas é necessário para conseguir alcançar novas formas de viver e conviver. Eu estou nadando. Agora vocês podem nadar comigo, com as mulheres deste estudo e tantas outras pessoas. Vocês vêm?

A VIDA CONTINUA, OS ESTUDOS TAMBÉM...

De forma sucinta, este estudo permitiu compreender que o exercício do trabalho remunerado se apresentou como o menos impactado com a maternidade, embora exista uma clara redução na disponibilidade extra para atividades profissionais, como levar trabalho para casa ou ficar após o horário. Além disso, a atividade profissional demonstrou ser uma grande via de satisfação e bem-estar das mães trabalhadoras, sendo o ambiente onde mais se sentem úteis, visíveis, reconhecidas e valorizadas.

Infelizmente, o contexto profissional não acolhe genuinamente a trabalhadora mãe ou gestante. Existem barreiras nas práticas e culturas trabalhistas, além da frouxidão nas leis, que dificultam o fluxo natural e indolor das mães trabalhadoras pelo ambiente profissional. Dessa forma, elas precisam adaptar suas novas necessidades e realidades ao contexto profissional, uma vez que não há adaptações nos locais de trabalho, mesmo com a existência de leis que, em tese, protegem a mãe trabalhadora.

O arranjo das tarefas domésticas, cuidados maternos e atividade profissional é experimentado por essas mulheres como desafiador e cansativo. Mesmo contando com maridos presentes, ajuda das avós, de babás, creche ou diaristas/empregadas domésticas, as "mulheres maravilha" deste estudo denunciaram uma responsabilidade maior com as atividades domésticas e os cuidados com os filhos.

Desse modo, embora a jornada de trabalho formal se encerre com a saída do local de trabalho, uma nova jornada se inicia ao entrar em seus lares: o cuidado e atenção com os filhos e a realização das atividades domésticas. É natural, desse modo, que se sintam extremamente cansadas e com pouca disponibilidade de tempo, inclusive para a participação no estudo. Ao mesmo tempo, percebem a interação com o esposo como profundamente reduzida em meio a tantas tarefas imediatas a serem desempenhadas.

Na verdade, a conjugalidade demonstrou ser a relação mais fortemente prejudicada com o arranjo das diferentes funções das participantes deste trabalho. Considerando as exigências sociais para serem boas mães, a exigência contratual e ética de manutenção de um bom desempenho no emprego e o fato do contexto doméstico exigir de modo mais marcante o exercício da mãe e do trabalho não remunerado, a esposa acabava sucumbindo.

Quanto à maternidade propriamente dita, ela caracterizou-se como pano de fundo para todas as discussões. O cansaço, a dificuldade de ser o que desejam, as lutas diárias com as pessoas com as quais convivem para serem aceitas como são, o estarrecimento diante de uma sociedade ainda desacostumada ou repressora das mães trabalhadoras somaram-se como principais temas dos encontros.

As mães deste estudo sentiam-se bem como mães, satisfeitas com o desempenho dessa função, a qual consideravam fonte de *"surreal"* bem-estar. No entanto, nem sempre encontraram nos ambientes públicos, e até mesmo familiares, apoio e validação para serem mães em paralelo a outras formas de existir como trabalhadoras, esposas, amigas, estudantes, mulheres, *"loucas"*, brutas ou, simplesmente, humanas.

Desse modo, existir de outras maneiras para além da maternidade é existir de forma paradoxal. É ser feliz por ser além e sofrer por ter ido além. É acreditar que podem e são mais do que somente mães, mas sofrer as consequências, os desgastes e os cansaços de se manterem para além da maternidade. Além disso, é sentir e, frequentemente, não poder compartilhar sentimentos por não encontrarem tempo, espaço ou audiência favorável para este paradoxo existencial.

A experiência grupal das participantes possibilitou a validação de seus sentimentos, de suas existências e proporcionou espaço para questionamentos, reflexões e novas percepções de si mesmas e dos contextos em que estavam inseridas.

A participação de mais mulheres no grupo poderia ter contribuído para uma diversidade maior de experiências, opiniões, sensações e sentimentos, permitindo, dessa forma, uma compreensão mais ampla do fenômeno.

Isso porque as mulheres do estudo compartilhavam a mesma faixa de ganho salarial, escolaridade, estado civil e residiam em locais próximos. Ouvir a experiência de mães solo, de baixa renda e/ou divorciadas e trabalhadoras contribuiria ainda mais para o entendimento do fenômeno, uma vez que ele não se esgota nas experiências das mulheres que vocês conheceram com a leitura que está prestes a acabar.

Outra experiência que ainda precisa ser melhor compreendida é a de mães em dupla, ou seja, mulheres homoafetivas que decidem ser mães. Considerando os preconceitos existentes em nossa sociedade e as limitações adicionais para um existir validado socialmente, a maternidade trans também carece de melhor entendimento e compreensão.

Além disso, conhecer o fenômeno sob a ótica das mulheres deste estudo trouxe à tona a necessidade de conhecê-lo sob a perspectiva dos homens, esposos, pais e trabalhadores e compreender como eles vivem essa realidade, quais são seus sentimentos e sensações relacionadas. Ainda, entender como eles compreendem a experiência de suas próprias esposas ou de outras mulheres.

Que a voz das mulheres, mães, trabalhadoras e esposas deste estudo falem em nome daquelas que não tem oportunidade, validação ou autorização para se posicionar, lutar ou existir. Que as vozes não silenciadas sejam ouvidas por seus familiares, por suas comunidades, pelas organizações e instituições empregadoras, bem como pelas instituições públicas e legislativas, para que sejam mais bem compreendidas, aceitas e validadas. Sendo assim, elas poderão ser elas mesmas de modo menos desafiador, difícil ou cansativo.

Dessa maneira, a coragem de que precisarão não será para lutar ou enfrentar as exigências socioculturais androcentradas, mas para ir além do que já são, para ser o que desejam ser.

Por fim, a vida das mulheres participantes continuou após o estudo e meu encontro com elas. Continuou para elas mesmas, para mim e para você que agora também as encontrou. Desse encontro, espero que você saia enriquecida em conhecimento, empatia e visão contextualizada para o fenômeno da maternidade trabalhadora e/ou os demais fenômenos a ele relacionado.

Após a escrita deste livro, minha vida continua de forma diferente, ainda mais impactada e reflexiva. Meus estudos continuam e meu interesse pelo tema também.

Após a leitura deste livro, a sua vida continua. Ela pode continuar do mesmo jeito de antes ou diferente. Você é livre para decidir.

REFERÊNCIAS

ALMEIDA, L. S. Mãe, cuidadora e trabalhadora: as múltiplas identidades de mães que trabalham. **Revista do Departamento de Psicologia-UFF**, [s. l.], v. 19, n. 2, p. 411-422, jul./dez. 2007.

AMATUZZI, M. Etapas do processo terapêutico: um estudo exploratório. **Psicologia: Teoria e Pesquisa**, [s. l.], v. 9, p. 1-21, 1993.

AMATUZZI, M. Pesquisa Fenomenológica em Psicologia. In: **Psicologia e Fenomenologia**: reflexões e perspectivas. Campinas, SP: Alinea, 2003.

ÁVILA, R. C.; PORTES, E. A. A tríplice jornada de mulheres pobres na universidade pública: trabalho doméstico, trabalho remunerado e estudos. **Estudos Feministas**, Florianópolis, v. 20, n. 3, p. 809-832, set./dez. 2012.

ARIÉS, P. **História social da criança e da família**. 2. ed. Rio de Janeiro: LTC, 1981.

ASCHIDAMINI, I. M.; SAUPE, R. Grupo focal: estratégia metodológica qualitativa: um ensaio teórico. **Cogitare Enfermagem**, [s. l.], v. 9, n. 1, p. 9-14, 2004.

BADINTER, E. **Um amor conquistado**: o mito do amor materno. Rio de Janeiro: Nova Fronteira, 1985.

BADINTER, E. **O conflito**: a mulher e a mãe. São Paulo: Record, 2011.

BARBOSA, P. Z.; ROCHA-COUTINHO, M. L. Maternidade: novas possibilidades, antigas visões. **Psicologia Clínica**, Rio de Janeiro, v. 19, n. 1, p. 163-185, 2007.

BEAUVOIR, S. **O segundo sexo**: fatos e mitos. 4. ed. São Paulo: Difusão Europeia do Livro, 1970.

BELLO, A. A. **Introdução à fenomenologia**. Bauru, SP: Edusc, 2006.

BELTRAME, G. R.; DONELLI, T. M. S. Maternidade e carreira: desafios frente à conciliação de papéis. **Aletheia**, [s. l.], n. 38-39, p. 206-217, 2012.

BRASIL. **Decreto-Lei n.º 229, de 28 de fevereiro de 1967**. Altera dispositivos da Consolidação das Leis do Trabalho, aprovada pelo Decreto-lei n.º 5.452, de 1º de maio de 1943, e dá outras providencias. Brasília, DF: Presidência da República, [1967]. Disponível em: http://www.planalto.gov.br/ccivil_03/decreto-lei/Del0229.htm. Acesso em: 10 nov. 2015.

BRASIL. **Decreto-Lei n.º 5.452, de 1º de maio de 1943**. Aprova a Consolidação das Leis do Trabalho. Brasília, DF: Presidência da República, [1943]. Disponível em: http://www.planalto.gov.br/ccivil_03/decreto-lei/Del5452.htm. Acesso em: 10 nov. 2015.

BRASIL. [Constituição (1988)]. **Constituição da República Federativa do Brasil**. Brasília, DF: Senado Federal, [1988]. Disponível em: http://www.planalto.gov.br/ccivil_03/Constituicao/Constituicao.htm#adct. Acesso em: 10 nov. 2015.

BRASIL. **Lei n.º 8.213, de 24 de julho de 1991**. Dispõe sobre os Planos de Benefícios da Previdência Social e dá outras providências. Brasília, DF: Presidência da República, [1991]. Disponível em: http://www.planalto.gov.br/ccivil_03/leis/l8213cons.htm. Acesso em: 10 nov. 2015.

BRASIL. **Lei n.º 8.112, de 11 de dezembro de 1990**. Dispõe sobre o regime jurídico dos servidores públicos civis da União, das autarquias e das fundações públicas federais. Brasília, DF: Presidência da República, [1990]. Disponível em: http://www.planalto.gov.br/ccivil_03/LEIS/L8112cons.htm. Acesso em: 15 dez. 2015.

BRASIL. Ministério da Saúde. Secretaria de Atenção à Saúde. Departamento de Ações Programáticas Estratégicas. **Cartilha para a mulher trabalhadora que amamenta**. 2. ed. Brasília, DF: Ministério da Saúde, 2015. Disponível em: https://www.gov.br/saude/pt-br/assuntos/saude--de-a-a-z/s/saude-da-crianca/publicacoes/cartilha-para-a-mulher-trabalhadora-que-amamenta-2013-2a-edicao/view. Acesso em: 6 fev. 2023.

BRASIL. Agência Nacional de Vigilância Sanitária (ANVISA). **Nota técnica conjunta n.º 10/2010**. Brasília, DF: Anvisa e Ministério da Saúde, 2010. Disponível em: http://bvsms.saude.gov.br/bvs/publicacoes/sala_apoio_ amamentacao_empresas.pdf. Acesso em: 10 nov. 2015.

BRASIL. Ministério da Saúde. Saúde da criança: nutrição infantil. Aleitamento Materno e Alimentação Complementar. **Caderno de Atenção Básica**, Brasília, n. 23, 2009.

BRASIL. **Decreto n.º 9.579 de 2018**. Revoga o Decreto n.º 8.552 de 3 de novembro de 2015. Disponível em: https://www.planalto.gov.br/ ccivil_03/_Ato2015-2018/2015/Decreto/D8552.htm. Acesso em: 16 maio 2023.

BRASIL. **Lei n.º 14.151 de maio de 2021**. Dispõe sobre o afastamento da empregada gestante das atividades de trabalho presencial durante a emergência de saúde pública de importância nacional decorrente do novo coronavírus. Disponível em: https://www.planalto.gov.br/ccivil_03/_ ato2019-2022/2021/lei/l14151.htm. Acesso em: 21 mai. 2023.

BRUSCHINI, M. C. A. Trabalho e gênero no Brasil nos últimos dez anos. **Cadernos de Pesquisa**, [s. l.], v. 37, n. 132, p. 537-572, 2007.

BRUSCHINI, C.; LOMBARDI, M. R. A bipolaridade do trabalho feminino no Brasil contemporâneo. **Cadernos de Pesquisa**, [s. l.], n. 110, p. 67-104, 2000.

BRUSCHINI, C.; LOMBARDI, M. R. Instruídas e trabalhadeiras: trabalho feminino no final do século XX. **Desafios da equidade**, [s. l.], p. 157-196, 2001.

BRUSCHINI, C.; LOMBARDI, M. R. Trabalhadoras brasileiras dos anos 90: mais numerosas, mais velhas e mais instruídas. **Mulher e trabalho**, [s. l.], v. 2, 2011.

BRUSCHINI, M. C.; RICOLDI, A. M. Família e trabalho: difícil conciliação para mães trabalhadoras de baixa renda. **Cadernos de pesquisa**, [s. l.], v. 39, n. 136, p. 93-123, 2009.

BRUSCHINI, M. C.; RICOLDI, A. M. Revendo estereótipos: o papel dos homens no trabalho doméstico. **Estudos Feministas**, Florianópolis, v. 20, n. 1, p. 259-287, jan./abr. 2012.

CAIXETA, S. P. Anos dourados: a mulher-maravilha e o papel da mulher norte-americana durante a 2ª Guerra Mundial. **Temática**, [s. l.], v. 8, n. 4, 2012.

CARLINI-COTRIM, B. Potencialidades da técnica qualitativa grupo focal em investigações sobre abuso de substâncias. **Revista de Saúde Pública**, [s. l.], v. 30, n. 3, p. 285-293, 1996.

COSTA, F. A. da. Mulher, trabalho e família: os impactos do trabalho na subjetividade da mulher e em suas relações familiares. **Pretextos - Revista da Graduação em Psicologia da PUC Minas**, [s. l.], v. 3, n. 6, p. 434-452, 12 set. 2018.

CYRINO, R. Trabalho, temporalidade e representações sociais de gênero: uma análise da articulação entre trabalho doméstico e assalariado. **Sociologias**, Porto Alegre, ano 11, n. 21, p. 66-92, jan./jun. 2009.

DE ANTONI, C. *et al.* Grupo focal: método qualitativo de pesquisa com adolescentes em situação de risco. **Arquivos Brasileiros de Psicologia**, [s. l.], v. 53, n. 2, p. 38-53, 2001.

DE SOUZA, L. K.; HUTZ, C. S. Relacionamentos pessoais e sociais: Amizade em adultos. **Psicologia em Estudo**, v. 13, n. 2, p. 257-265, 2008.

D'INCAO, M. A. Mulher e família burguesa. *In*: DEL PRIORE, M. **História das mulheres no Brasil**. São Paulo: Contexto, 2013. p. 223-240

DIAS, C. A. Grupo focal: técnica de coleta de dados em pesquisas qualitativas. **Informação & Sociedade: Estudos**, [s. l.], v. 10, n. 2, 2000.

EVARISTO, C. Gênero e etnia: uma escre(vivência) de dupla face. *In:* MOREIRA, N. M. B.; SCHNEIDER, L. (org.). **Mulheres no mundo:** etnia, marginalidade e diáspora. João Pessoa: Editora da UFPB; Idéia. 2005.

GONZALEZ, L. Racismo e sexismo na cultura brasileira. **Revista Ciências Sociais Hoje**, São Paulo, 1984, p. 223-244.

FERREIRA, C. R. C.; TANURE, L. M.; FERREIRA, D. C. Adaptações maternas à gravidez. *In*: CORRÊA, M. D. (coord.). **Noções práticas de obstetrícia**. 14. ed. Belo Horizonte, MG: Coopmed, 2011.

FONSECA, C. Ser mulher, mãe e pobre. *In*: DEL PRIORE, M. **História das mulheres no Brasil**. São Paulo: Contexto, 2013. p. 510-553.

GATTI, B. A. **Grupo focal na pesquisa em Ciências Sociais e Humanas**. Brasília: Liber Livro, 2012.

GOMES, A. J. S.; RESENDE, V. R. O Pai Presente: o desvelar da paternidade em uma família contemporânea. **Psicologia: Teoria e Pesquisa**, [*s. l.*], v. 20, n. 2, p. 119-125, 2004.

GONZALEZ, L. Racismo e sexismo na cultura brasileira. **Revista Ciências Sociais** Hoje, São Paulo, p. 223-244, 1984.

GOVERNO DO DISTRITO FEDERAL. **Lei n.º 8.609, de 13 de julho de 1990**. Estatuto da Criança e do Adolescente. Secretaria de Políticas Públicas para Crianças, Adolescentes e Juventude. 4. ed. Brasília, DF: Governo do Distrito Federal, 2015.

HARAWAY, D. Saberes localizados: a questão da ciência para o feminismo e o privilégio da perspectiva parcial. **Cadernos Pagu**, [*s. l.*], v. 5, p. 7-41, 1995.

INSTITUTO BRASILEIRO DE GEOGRAFIA E ESTATÍSTICA (IBGE). **Síntese de indicadores sociais**: uma análise das condições de vida da população brasileira. 2009. Disponível em: http://www.ibge.gov.br/home/estatistica/populacao/condicaodevida/indicadoresminimos/sinteseindicsociais2009/. Acesso em: 27 mar. 2014.

INSTITUTO BRASILEIRO DE GEOGRAFIA E ESTATÍSTICA (IBGE). **Síntese de indicadores sociais**: uma análise das condições de vida da população brasileira. 2013. Disponível em: http://www.ibge.gov.br/home/estatistica/populacao/condicaodevida/indicadoresminimos/sinteseindicsociais2013/. Acesso em: 5 jun. 2014.

INSTITUTO BRASILEIRO DE GEOGRAFIA E ESTATÍSTICA (IBGE). **Pesquisa Nacional por Amostra de Domicílios Contínua 2019**. Dis-

ponível em: chrome-extension://efaidnbmnnnibpcajpcglclefindmkaj/
https://biblioteca.ibge.gov.br/visualizacao/livros/liv101784_informativo.
pdf. Acesso em: 20 fev. 2023.

INSTITUTO BRASILEIRO DE GEOGRAFIA E ESTATÍSTICA (IBGE).
Estatísticas de Gênero Indicadores sociais das mulheres no Brasil. **Estudos e Pesquisas,** Informação Demográfica e Socioeconômica, Rio de Janeiro, n. 38, 2021. Disponível em: https://biblioteca.ibge.gov.br/visualizacao/livros/liv101784_informativo.pdf. Acesso em: 24 jul. 2022.

INSTITUTO DE PESQUISA ECONOMICA APLICADA. **Sistema de indicadores da percepção social**: tolerância social à violência contra as mulheres. 2014. Disponível em: http://www.ipea.gov.br/portal/images/stories/PDFs/SIPS/140327_sips_violencia_mulheres.pdf. Acesso em: 27 mar. 2014.

INSTITUTO DE PESQUISA ECONOMICA APLICADA. **Texto para discussão:** Os impactos do aumento da licença maternidade sobre os padrões de oferta de trabalho feminina ao nível das empresas. (2719). Brasília, dezembro de 2021. Disponível em: https://repositorio.ipea.gov.br/bitstream/11058/10992/1/td_2719.pdf. Acesso em: 13 maio 2023.

INSTITUTO DE PESQUISA ECONOMICA APLICADA. **Políticas Sociais:** acompanhamento e Análise. Diretoria de Estudos e Políticas Sociais. 2021. Disponível em: chrome-extension://efaidnbmnnnibpcajpcglclefindmkaj/https://repositorio.ipea.gov.br/bitstream/11058/10812/1/BPS_28_igualdade_de_genero.pdf. Acesso em: 15 mai. 2023.

JONATHAN, E. G.; SILVA, T. M. R. Empreendedorismo feminino: tecendo a trama de demandas conflitantes. **Psicologia & Sociedade**, [s. l.], v. 19, n. 1, p. 77-84, 2007.

LIMA, B. **Teto de Vidro ou Labirinto de Cristal?** As margens femininas das ciências. 2008. 133 f. Dissertação (Mestrado em História) – Universidade de Brasília, Brasília, 2008.

LIMA, B. Labirinto de Cristal: as trajetórias das cientistas na física. **Estudos Feministas**, Florianópolis, v. 21, n. 3, p. 883-903, 2013.

LIMA, M. A. V.; PEREIRA, O. P. Para que dançam as mulheres? Teoria dos afetos de Spinoza e prática psicossocial nas danças populares. *In*: PEREIRA, O. P. (org.). **Saúde mental, ética e política**: vidas dissidentes e práticas psicológicas contra-hegemônicas. Jundiaí: Paco Editorial, 2015.

MADALOZZO, R.; MARTINS, S. R.; SHIRATORI, L. Participação no mercado de trabalho e trabalho doméstico: homens e mulheres têm condições iguais? **Estudos Feministas**, [*s. l.*], v. 18, n. 2, p. 547-566, 2010.

MENEGHEL, S. N. *et al.* Impacto de grupos de mulheres em situação de vulnerabilidade de gênero. **Cadernos de Saúde Pública**, [*s. l.*], v. 19, n. 4, p. 955-963, 2003.

MERLEAU-PONTY, F. **Fenomenologia da percepção**. São Paulo: Martins Fontes, 1999.

MEULDERS, D. *et al.* Trabalho e maternidade na Europa, condições de trabalho e políticas públicas. **Cadernos de pesquisa**, [*s. l.*], v. 37, n. 132, p. 611-640, 2007.

MONTENEGRO, C. A. B.; REZENDE FILHO, J. de. Modificações do organismo materno. *In*: MONTENEGRO, C. A. B.; REZENDE FILHO, J. de. **Rezende obstetrícia**. 11. ed. Rio de Janeiro, RJ: Guanabara Koogan, 2010.

MOURA, S. M. S. R; ARAÚJO, M. F. A maternidade na história e a história dos cuidados maternos. **Psicologia, Ciência & Profissão**, [*s. l.*], v. 24, n. 1, p. 44-55, 2004.

NARVAZ, M. G.; KOLLER, S. H. Famílias e patriarcado: da prescrição normativa à subversão criativa. **Psicologia & Sociedade**, [*s. l.*], v. 18, n. 1, p. 49-55, 2006.

NASCIMENTO, A. R. A.; GIANORDOLI-NASCIMENTO, I. F.; TRINDADE, Z. A. A representação social do trabalho feminino para homens casados. **Mental**, [*s. l.*], v. 6, n. 11, p. 145-164, 2008.

NASCIMENTO, M. F. D. Ser mulher na Idade Média. Textos de História. **Revista do Programa de Pós-Graduação em História da UnB**, [*s. l.*], v. 5, n. 1, p. 82-91, 1997.

NUNES, S. A. Afinal, o que querem as mulheres? Maternidade e mal-estar. **Psicologia Clínica**, Rio de Janeiro, v. 23, n. 2, p. 101-115, 2011.

OLIVEIRA, S. C. *et al*. Maternidade e trabalho: uma revisão da literatura. **Revista Interamericana de Psicologia**, [*s. l.*], v. 45, n. 2, p. 271-28, 2011.

ORTEGA, F. **Genealogia da amizade**. São Paulo: Iluminuras, 2002.

PATEMAN, C. **O contrato sexual**. São Paulo: Paz e Terra, 1993.

PERLIN, G.; DINIZ, G. Casais que trabalham e são felizes: mito ou realidade. **Psicologia clínica**, [*s. l.*], v. 17, n. 2, p. 15-29, 2005.

PICCININI, C. A. *et al*. Apoio social percebido por mães adolescentes e adultas: da gestação ao terceiro mês de vida do bebê. **Psico**, Porto Alegre, v. 33, n. 1, p. 9-35, 2002.

PINHEIRO, L.; GALIZA, M.; FONTOURA, N. Novos arranjos familiares, velhas convenções sociais de gênero: a licença-parental como política pública para lidar com essas tensões. **Revista Estudos Feministas**, [*s. l.*], v. 17, n. 3, p. 851-859, 2009.

PINSKY, C. B. Mulheres dos anos dourados. *In*: DEL PRIORE, M. **História das mulheres no Brasil**. São Paulo: Contexto, 2013. p. 607-639.

POESCHL, G. Trabalho doméstico e poder familiar: práticas, normas e ideais. **Análise Social**, [*s. l.*], v. 35, n. 156, p. 695-719, 2000.

POSSATTI, I. C.; DIAS, M. R. Multiplicidade de papéis da mulher e seus efeitos para o bem-estar psicológico. **Psicologia: Reflexão e Crítica**, [*s. l.*], v. 15, n. 2, p. 293-301, 2002.

RAGO, M. Feminismo e subjetividade em tempos pós-modernos. **Poéticas e políticas feministas**, Florianópolis: Ed. Mulheres, p. 31-41, 2004.

RAGO, M. Trabalho feminino e sexualidade. In: DEL PRIORE, M. **História das Mulheres no Brasil**. São Paulo: Contexto, p. 578-606, 2013.

RAPOPORT, A.; PICCININI, C. A. Apoio social e experiência da maternidade. **Revista Brasileira de Crescimento e Desenvolvimento Humano**, [*s. l.*], v. 16, n. 1, p. 85-96, 2006.

ROCHA-COUTINHO, M. L. Quando o executivo é uma "dama": a mulher, a carreira, e as relações familiares. *In*: FERES-CARNEIRO, T. (org.). **Família e casal**: arranjos e demandas contemporâneas. Rio de Janeiro: NAU, 2003.

ROCHA-COUTINHO, M. L. De volta ao lar: mulheres que se afastaram da carreira profissional para melhor se dedicar aos filhos. Retrocesso ou um "novo" modelo de família? *In*: FÉRES-CARNEIRO, T. (org.). **Casal e família**: permanências e rupturas. São Paulo: Casa do Psicólogo, 2010.

ROCHA-COUTINHO, M. L.; LOSADA, B. L. Redefinindo o significado da atividade profissional para as mulheres: o caso das pequenas empresárias. **Psicologia em Estudo**, Maringá, v. 12, n. 3, p. 493-502, set./dez. 2007.

SAFFIOTI, H. I. B. Trabalho feminino e capitalismo. **Perspectivas: Revista de Ciências Sociais**, [*s. l.*], v. 1, n. 1, 2009.

SCHIAVO, R. A.; PEROSA, G. B. Child development, maternal depression and associated factors: a longitudinal study. **Paidéia**, Ribeirão Preto, v. 30, n. 3012, 2020.

SCHIAVO, R. A.; RODRIGUES, O. M. P. R.; PEROSA, G. B. Variáveis associadas à ansiedade gestacional em primigestas e multigestas. **Trends in Psychology**, [*s. l.*], v. 26, n. 4, p. 2091-2104, 2018.

SECRETARIA DE ESTADO E EDUCAÇÃO DO DISTRITO FEDERAL. **Subsecretaria de Educação Básica**: Nossa Rede. Disponível em: https://www.educacao.df.gov.br/educacao-infantil/. Acesso em: 15 maio 2023.

SEGATO, R. L. O Édipo Brasileiro: a dupla negação de gênero e raça. *In*: STEVENS, C. (org.). **Maternidade e feminismo**: diálogos interdisciplinares. Florianópolis: Ed. Mulheres/EDUNISC, 2007.

SELEM, M. C. O. **Políticas e poéticas feministas**: imagens em movimento sob a ótica de mulheres latino-americanas. 2013. 310 f. Tese (Doutorado em História) – Universidade Estadual de Campinas, Campinas, 2013.

SERVIÇO BRASILEIRO DE APOIO ÀS MICRO E PEQUENAS EMPRESAS. **Anuário das Mulheres Empreendedoras e Trabalhadoras em Micro e Pequenas Empresas.** 2013. Disponível em: http://www.sebrae.

com.br/Sebrae/Portal%20Sebrae/Anexos/Anuario_Mulheres_Trabalha-doras.pdf. Acesso em: 5 jun. 2014.

SILVA, L. L. S. S. *et al.* Impacto da pandemia de SARS-CoV-2 na saúde mental de gestantes e puérperas: uma revisão integrativa. **Research, Society and Development**, [*s. l.*], v. 10, n. 10, 2021. Disponível em: https://rsdjournal. org/index.php/rsd/article/view/19186/17049. Acesso em: 13 jun. 2022.

SILVA, A. C.; MEDEIROS, M. M. Sexualidade e a história da mulher na Idade Média: a representação do corpo feminino no período medieval nos séculos X a XII. **Revista Eletrônica História em Reflexão**, [*s. l.*], v. 7, n. 14, 2014.

SILVA, M. C.; JORGE, A. R.; QUEIROZ, A. Divisão sexual do trabalho doméstico: entre representações e práticas. **Configurações. Revista de sociologia**, n. 9, p. 135-159, 2012.

SOUZA, D. B. S.; FERREIRA, M. C. Auto-estima pessoal e coletiva de mães e não-mães. **Psicologia em Estudo**, Maringá, v. 10, n. 1, p. 19-25, jan./abr. 2005.

SOUZA, L. R.; RIOS-NETO, E. L. G.; QUEIROZ, B. L. A relação entre parturição e trabalho feminino no Brasil. **Rev. Bras. Estud. Popul.** [on-line], v. 28, n. 1, 2011. Disponível em: http://www.scielo.br/scielo.php?script=sci_arttext&pid=S0102-30982011000100004&lng=en&nrm=iso. Acesso em: 10 nov. 2015.

SOUZA, N. H. S. *et al.* Famílias com casais de dupla carreira e filhos em idade escolar: estudo de casos. **Aletheia**, Canoas, n. 26, dez. 2007. Disponível em: http://pepsic.bvsalud.org/scielo.php?script=sci_arttext&pid=S1413-03942007000200010&lng=pt&nrm=iso. Acessos em: 16 nov. 2015.

SWAIN, T. N. Meu corpo é um útero? *In*: STEVENS, C. (org.). **Maternidade e Feminismo**: diálogos interdisciplinares. Florianópolis: Ed. Mulheres/Edunisc, 2007.

SWAIN, T. N. Feminismo e recortes do tempo presente: mulheres em revistas "femininas". **São Paulo em Perspectiva**, São Paulo, v. 15, n. 3, p. 67–81, 2001.

TIMM, F. B.; PEREIRA, O. P.; GONTIJO, D. C. Psicologia, violência contra mulheres e feminismo: em defesa de uma clínica política. **Revista Psicologia Política**, [s. l.], v. 11, n. 22, p. 247-259, 2011.

VANALLI, A. C. G.; BARHAN, E. J. Após a licença maternidade: a percepção de professoras sobre a divisão as demandas familiares. **Psicologia & Sociedade**, v. 24, n. 1, p. 130-138, 2012.

VENÂNCIO, R. P. Maternidade negada. *In*: DEL PRIORE, M. **História das mulheres no Brasil**. São Paulo: Contexto, 2013. p. 189-222.

VINAGRE, R. D.; DINIZ, E. M. A.; VAZ, F. A. C. Leite humano: um pouco de sua história. **Pediatria**, São Paulo, v. 23, n. 4, p. 340-345, 2001.

YANNOULAS, S. C. **Dossiê**: políticas públicas e relações de gênero no mercado de trabalho. Brasília: CFEMEA; FIG/CIDA, 2002.

YANNOULAS, S. C. (coord.). **Trabalhadoras**: análise da feminização das profissões. Brasília: Editorial Abaré, 2013.

ZANELLO, V. **Saúde mental, gênero e dispositivos**: cultura e processos de subjetivação. Curitiba: Editora Appris, 2018.

ZILLES, U. Introdução. In: HUSSERL, E. **A crise da humanidade europeia e a filosofia**. Porto Alegre: EDIPURS, 2002.